Karl Biedermann

Das erste deutsche Parlament zu dessen fünfzigjährigen Jubiläum

Karl Biedermann

Das erste deutsche Parlament zu dessen fünfzigjährigen Jubiläum

ISBN/EAN: 9783743454965

Hergestellt in Europa, USA, Kanada, Australien, Japan

Cover: Foto ©ninafisch / pixelio.de

Manufactured and distributed by brebook publishing software
(www.brebook.com)

Karl Biedermann

Das erste deutsche Parlament zu dessen fünfzigjährigen Jubiläum

Das
erste deutsche Parlament.

Zu dessen fünfzigjährigem Jubiläum.

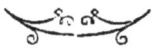

Von

Dr. Karl Biedermann.

Breslau.
Schlesische Buchdruckerei, Kunst- und Verlags-Anstalt
v. S. Schottlaender.
Leipzig: E. F. Steinacker.   New-York: Gustav E. Stechert.

Karl Biedermann.

Das erste deutsche Parlament.

Das erste deutsche Parlament.

Zu dessen fünfzigjährigem Jubiläum.

Von

Dr. Karl Biedermann.

Breslau.
Schlesische Buchdruckerei, Kunst- und Verlagsanstalt
v. S. Schottlaender.
Leipzig: F. J. Steinacker.   1898.   New-York: Gustav E. Stechert.

Vorwort.

Zu einem kurzen Vorwort nöthigen mich zwei Umstände. Für's Erste haben sich noch nach erfolgtem Druck dieses Schriftchens zwei „alte Frankfurter" von der Erbkaiserpartei gemeldet, erstens der königlich preußische Wirkliche Geheime Finanzrath Provinzialsteuerdirector a. D. Schultze in Freiburg i. Br. und der königlich preußische Landgerichtskammerpräsident a. D. Schorn in Bonn (79 Jahre alt).

Sodann erhielt ich einen Brief vom Professor Dr. Sepp in München, worin derselbe sich

beklagte: ich hätte „einen Aufruf an die noch
lebenden Mitglieder aus der Paulskirche erlassen,
dabei aber nur an die Erbkaiserlichen gedacht".
Dazu bemerke ich, daß jener „Aufruf" (zu einer
Zusammenkunft der „alten Frankfurter" am
18. Mai in Frankfurt a. M.) ohne mein Zuthun
in öffentlichen Blättern erschienen ist. Unabhängig
davon hatte ich schon früher die zwei Artikel in
„Nord und Süd" verfaßt, die hier wieder ab=
gedruckt sind. Da ich in diesen eine Recht=
fertigung der Majorität des Parlamentes, der
sogenannten „Erbkaiserpartei", beabsichtigte, so
war es natürlich, daß ich bei Aufzählung der
noch lebenden Mitglieder des Parlaments zunächst
nur an diese dachte. Dabei bin ich aber weit
entfernt, den „Umschwung" zu verkennen, der „seit
1866 in ganz Süddeutschland vorgegangen" und
der die Kluft, die 1848 zwischen den „Erbkaiser=
lichen" und einem Theil der Süddeutschen bestand,
ausgefüllt hat.

Vor Allem wie könnte ich vergessen, daß es das hohe Verdienst Sepp's und die Wirkung seiner feurigen patriotischen Rede in der Sitzung der bahrischen zweiten Kammer vom 9. Juli 1870 war, wenn Bayern nicht, wie die Particularisten es wollten, sich neutral erklärte, sondern seine tapferen Söhne an der Seite der Preußen bei Weißenburg und Wörth glänzende Siege er= fechten ließ.

Wenn daher Professor Sepp jetzt „einen letzten Händedruck im Leben" mir „als guter Deutscher" vom Süden herüber reicht, so empfange ich denselben mit herzlicher Freude und erwidere ihn in der gleichen aufrichtigen Gesinnung.

Der Verfasser.

Ein halbes Jahrhundert ist dahingegangen, seit in der alten Wahl- und Krönungsstadt deutscher Kaiser, Frankfurt am Main, das erste deutsche Parlament zusammentrat, eine aus freien Volkswahlen hervorgegangene Gesammtvertretung der Nation, bestimmt, für das neuzugestaltende Deutschland eine Verfassung zu Stande zu bringen.

Von den Jetztlebenden kennen die Allermeisten die Vorgänge des Jahres 1848 nur aus zweiter Hand, entweder vom Hörensagen aus Erzählungen Aelterer, oder aus Schriften. Auch die Thätigkeit des ersten deutschen Parlaments ist selten recht

gekannt, weit öfter verkannt und daher falsch be=
urtheilt.

Von den Mitgliedern jener Versammlung
selbst ist aller Wahrscheinlichkeit nach nur ein ganz
winziger Rest noch am Leben. Die jüngsten der=
selben hatten damals ein Alter von 25 bis 26
Jahren, die meisten waren älter, zum Theil viel
älter. Als bei Eröffnung der Versammlung ein
Alterspräsident bestellt werden sollte, meldeten
sich sechs, die das 70. Lebensjahr erreicht oder
überschritten hatten. Der Aelteste war der
78jährige E. M. Arndt. Auch die damals Aller=
jüngsten hätten heute die Altersgrenze schon über=
schritten, die nach dem Ausspruch der Bibel dem
menschlichen Leben in der Regel gesetzt ist.

Im Jahre 1878, als seit dem Parlament
ein Menschenalter verflossen war, erließ der Ver=
fasser dieses Aufsatzes an die noch Lebenden seiner
ehemaligen Collegen von der „Erbkaiserpartei"
eine öffentliche Aufforderung, sich bei ihm zu

melden. Darauf meldeten sich 34. Von 22
Anderen erkundete ich sonstwie, daß sie noch lebten,
so daß im Ganzen, mich selbst mitgezählt, etwa
gegen 60 noch übrig sein mochten von den 267,
die für das Erbkaiserthum gestimmt hatten. Sieben
Jahre später, 1885, als wir „alten Frankfurter"
dem großen Schöpfer des neuen Deutschen Reichs
gemeinsam unsere Glückwünsche zu seinem 70. Ge-
burtstage und 50. Amtsjubiläum darbringen
wollten, fanden sich nur noch einige 30. Von
diesen leben jetzt, soweit meine Kenntniß reicht,
noch 8, nämlich H. H. Meier in Bremen, der
hochverdiente Gründer der mächtigen Dampfschiff-
fahrtsgesellschaft „Norddeutscher Lloyd" (88 Jahre
alt), Dr. v. Simson, Präsident des Frankfurter
Parlamentes, später Präsident des sogenannten
Unionsparlamentes in Erfurt, noch später Präsident
einer ganzen Reihe von Reichstagen, seit 1878
Chefpräsident des Reichsgerichts in Leipzig, bis
er vor mehreren Jahren sich zurückzog, um ein

wohlverdientes otium cum dignitate in Berlin
zu genießen (87 Jahre alt), der Geheime Commer-
zienrath Mevissen in Köln (84 Jahre alt), der
Curator der Universität Halle, Geheimer Rath
Dr. Schrader (80 Jahre alt), Professor Dr. Haym
(76 Jahre alt), ebenda, der Dichter Wilhelm
Jordan, Verfasser des „Demiurgos", Umdichter
der „Nibelungen" u. s. w., in Frankfurt am Main
(79 Jahre alt), Geh. Reg.-Rath Professor a. D.
Dr. Backhaus, dermalen in Görlitz (79 Jahre
alt), endlich ich selbst, der ich im 86. Jahre stehe*).

Als Einer dieser noch Ueberlebenden fühlte
ich das Bedürfniß, fast möchte ich sagen die Verpflichtung, das 50jährige Jubiläum des ersten
deutschen Parlamentes nicht vorübergehen zu lassen,

---

*) Ein neunter und zehnter „alter Frankfurter", der
Senatspräsident beim Reichsgericht Dr. Drechsler, 76 Jahre
alt, und Graf von Keller, königlich preußischer Commissar
bei der Lebensversicherung zu Gotha a. D., 92½ Jahre alt,
sind erst vor Kurzem gestorben.

ohne demselben ein Wort der Erinnerung zu widmen und für seine Thätigkeit, gegenüber so manchen Angriffen, die es erfahren hat, Zeugniß abzulegen.

Zu Letzterem glaube ich darum nicht ganz unberufen zu sein, weil ich als Theilnehmer schon am Vorparlamente und am Fünfzigerausschuß, im Parlamente selbst als ständiges Mitglied des Bureau (erst als Schriftührer, in der letzten Zeit als Vicepräsident), als im Vorstand und meist Vorsitzender des Clubs „Augsburger Hof“ und der großen „Erbkaiserpartei“, als Mitglied der Neunercommission, welche die Verbindung unter den zu dieser gehörenden Clubs unterhielt, endlich als Mitglied der Kaiserdeputation, allen wichtigen Vorgängen jener Zeit so nahe gestanden habe, wie wohl nur Wenige.

Neben meinen persönlichen Erinnerungen habe ich auch die Aufzeichnungen von anderen Zeitgenossen, meist ebenfalls Mitgliedern des Parlaments, benutzt*).

---

*) Da es für manche Leser von Interesse sein mag, eine Uebersicht der aus unmittelbarem Selbsterlebten erwachsenen Litteratur über das Parlament von 1848 zu gewinnen, so führe ich die von mir verglichenen Schriften hier an. Es sind die folgenden: Laube: „Das erste deutsche Parlament", 3 Bände; Haym: „Die deutsche Nationalversammlung", 3 Theile; Duncker: „Zur Geschichte der deutschen Reichsversammlung" Fr. v. Raumer: „Briefe aus Frankfurt und Paris 1848—49", 2 Bände; Wichmann: „Denkwürdigkeiten aus der Paulskirche"; Biedermann: „Erinnerungen aus der Paulskirche"; derselbe: „Mein Leben und ein Stück Zeitgeschichte", 2 Bände; Rümelin: „Briefe aus der Paulskirche"; Heller: „Brustbilder aus der Paulskirche"; Beseler, G: „Erlebtes und Erstrebtes"; „Dahlmann's Leben" von Springer; „Mathys Leben" von Freytag; „Leben des Generals Friedrich von Gagern" von Heinrich von Gagern; „Dunckers Leben" von Haym: „v. Stockmars Denkwürdigkeiten" von seinem Sohne; „v. Bunsens Leben" von Nippold; „König Friedrich Wilhelms IV. Briefwechsel mit Bunsen", herausgegeben von Ranke; Duckwitz: „Denk-

Eine fortlaufende Geschichte des Parlaments zu geben, ist nicht meine Absicht. Dazu wäre der mir vergönnte Raum viel zu knapp*). Ich be= schränke mich auf die Hervorhebung einiger Haupt=

würdigkeiten aus meinem öffentlichen Leben" (insgesammt von der erbkaiserlichen Partei); Jürgens: „Zur Ge= schichte des deutschen Verfassungswerkes", 2 Bände (groß= deutsch); „Heinrich Simon" von Joh. Jacoby; Jul. Fröbel: „Ein Lebenslauf", 2 Bände; (beide von der Linken); „Anton Ritter von Schmerling" von Arneth; „Aus meinem Leben" von Ritter von Arneth (Beide vom österreichischen Stand= punkt aus); „Denkwürdigkeiten aus dem Leben des Generals Leopold von Gerlach (des Hauptes der preußischen Camarilla) „Erinnerungen aus meinem Leben" von Richard von Friesen, königlich sächsischem Staatsminister a. D.

*) Eine solche Geschichte, und zwar eine sehr gedrängte und übersichtliche, enthalten meine „Dreißig Jahre deutscher Geschichte, 1840—70" (Verlag der Schles. Verlagsanstalt zu Breslau), 4. Auflage, 1. Bd., S. 279 ff., Beiträge dazu auch „Mein Leben und ein Stück Zeitgeschichte", ebenda, 1. Bd., S. 358 ff.

momente aus den Verhandlungen über die Ver=
fassung.

Das Frankfurter Parlament von 1848 war
eine Frucht der Märzbewegung desselben Jahres,
letztere wieder eine Folge der Pariser Februar=
revolution.

Schon einmal, im Jahre 1830, hatte ein
ähnlicher Anstoß von Frankreich aus ähnliche Wir=
kungen in Deutschland erzeugt. Allein damals
war in Frankreich nur eine neue Dynastie an die
Stelle einer älteren gesetzt, im Uebrigen die be=
stehende Staatsordnung beibehalten worden; dem
entsprechend waren auch in Deutschland nur einige
neue Verfassungen mit Volksvertretung entstanden,
war die Presse etwas freier, das parlamentarische
Leben in den Südstaaten wieder etwas rühriger
geworden. Im Uebrigen waren die alten Zu=
stände unverändert geblieben, insbesondere auch
die Gesammtverfassung Deutschlands mit ihren
großen Unzulänglichkeiten nach außen und innen.

Im Jahre 1848 war dies wesentlich anders.
In Frankreich war diesmal die ganze Staatsordnung umgestürzt, an die Stelle der Monarchie
die Republik gesetzt worden. Kein Wunder, wenn
die Wellenringe einer so tiefgreifenden Bewegung
weit über die Grenzen Frankreichs hinausschlugen.
Wie hätte Deutschland davon unberührt bleiben
können? Des politischen Zündstoffes gab es hier
mindestens ebenso viel, wie irgendwo anders.
Dazu kam, daß eine Richtung des öffentlichen
Geistes, die 1830 noch so gut wie gänzlich ge-
schlummert hatte, die nationale, seitdem durch
Zollverein und Eisenbahnen, durch den Thronwechsel
in Preußen 1840 und die in dasselbe Jahr
fallende Kriegsdrohung Frankreichs geweckt und
genährt worden war, so daß sie jetzt neben, ja
vor der freiheitlichen ihre Geltung verlangte. So
kam es, daß die Kunde von der am 24. Februar
erfolgten Vertreibung Ludwig Philipps und seiner
ganzen Familie aus Frankreich, kaum über den

Rhein herübergelangt, hier sofort eine Bewegung
entzünbete, die sich pfeilschnell, gleich dem elektri=
schen Funken am Drahte, von einem deutschen
Lande in das andere fortpflanzte. Schon am
27. Februar fand in Mannheim in Baden eine
große Volksversammlung statt, welche zwölf
„Forderungen des Volkes" (Preß= und Vereins=
freiheit, öffentliches Gericht mit Geschworenen,
Sicherung von Person und Eigenthum gegen
Polizeiwillkür, Ministerwechsel, Volksbewaffnung
u. s. w.) proclamirte. Aehnliche Forderungen
wurden allerwärts gestellt und meistens nach kürzerem
oder längerem Sichsträuben von den Fürsten be=
willigt oder doch für die nächste Zeit verheißen.
Die Träger des alten, verhaßten Systems wichen
Männern des öffentlichen Vertrauens, gewöhnlich
bisherigen oder früheren Führern ·der liberalen
Opposition in den Kammern. Man nannte
sie nach dem Datum ihrer Ernennung „Märzminister".

In den Mittel- und Kleinstaaten hatte die Bewegung, abgesehen von einzelnen tumultuarischen Scenen, im Ganzen keinen gewaltthätigen Charakter. In Sachsen vollzog sie sich sogar ohne Betheiligung der Massen, lediglich innerhalb der Kreise des gebildeten Bürgerthums, in der streng gesetzlichen Form von Abressen, Petitionen und Deputationen an den König, daher auch ohne jede Störung der öffentlichen Ordnung. Auch der Sturz des allmächtigen Staatskanzlers von Oesterreich, Fürsten Metternich, erfolgte nicht sowohl durch eine Revolution der Straße, als durch eine Palastrevolution; der Ruf nach seiner Abbankung (welchem der Fürst in würdiger Haltung stattgab) kam aus einem in der Hofburg versammelten Kreise der angesehensten Personen. Nur in Berlin, wo die unglückselige Zauberpolitik Friedrich Wilhelms IV. die Erregung der Gemüther auf's Höchste angespannt hatte, kam es zu einem Kampfe zwischen Volk und Militär, der auf beiden Seiten viele blutige Opfer kostete.

Man hat bisweilen die Märzbewegung des
Jahres 1848 als das von langer Hand vorbe-
reitete Werk einer radicalen Partei dargestellt.
Das ist nicht richtig. Allerdings gab es in verschiedenen deutschen Staaten eine solche Partei;
es gab auch einflußreiche und ehrgeizige Führer,
wie Robert Blum in Sachsen, Johann Jacoby
in Preußen, Itzstein, Hecker, Struve in Baden
u. s. w.; es gab einen gewissen Zusammenhang
unter diesen theils durch eine thätige Partei-
presse, theils auch (seit 1839) durch regelmäßige
persönliche Zusammenkünfte, bei denen die Taktik
der Agitation vereinbart wurde. Allein von einer
geheimen Verschwörung, wie etwa derjenigen der
Carbonaris in Frankreich und Italien, war alles
dieses noch weit entfernt. Auch hatte die Bewegung
des März dafür viel zu sehr einen spontanen, fast
elementaren Charakter. Der ganze Bürgerstand,
selbst in seinen gemäßigten Kreisen, war daran be-
theiligt, wenn nicht persönlich, doch mit seinen

Sympathien. Vorbereitet war allerdings die
Märzbewegung von 1848 (und sie kam daher keineswegs, wie wohl gesagt worden, plötzlich, „über
Nacht"), aber von ganz anderer Seite, nämlich durch
die Mißregierung, die in vielen, ja den meisten
deutschen Staaten bestand. Wir haben dafür ein
unverwerfliches Zeugniß von einem nach Geburt
und Lebensstellung durchaus conservativen Manne,
dem königlich sächsischen Staatsminister a. D. Richard
von Friesen. Dieser sagt in seinen „Erinnerungen
aus meinem Leben" (1. Band, S. 58):

„Das Jahr 1847 ging zwar äußerlich ruhig vorüber,
aber überall, nicht nur in Sachsen, sondern in ganz Deutschland, herrschte Unzufriedenheit, Mißtrauen, Besorgniß für
die Zukunft. Die staatlichen Einrichtungen Deutschlands,
sowohl der Bund selbst, als die Verfassungen eines großen
Theils der Einzelstaaten, waren alt geworden, paßten nicht
mehr zu den veränderten Verhältnissen, zu den Ideen, die
sich der Bevölkerung in weiten Kreisen bemächtigt hatten.
Allgemein war die Ueberzeugung, daß es so nicht fort-
gehen könne. Viele Tausende an sich keineswegs re-

volutionär und antimonarchisch Gesinnter, die aber keine
Möglichkeit eines friedlichen, streng verfassungsmäßigen
Ausganges sahen, wurden für die Idee einer allgemeinen,
wenn auch gewaltsamen Umwälzung — nach einer oder der
anderen Richtung hin — geneigter und empfänglicher gemacht."

Damit spricht Herr von Friesen aus, daß
nicht die „veränderten Verhältnisse" oder die in
die Bevölkerungen eingedrungenen „Ideen" die
Erhebung von 1848 verschuldet hätten, sondern
das Zurückbleiben der Regierungen hinter diesen
Verhältnissen und diesen Ideen. Das entspricht
auch vollkommen jenem unabänderlichen und daher
nicht ohne schwere Gefahren zu mißachtenden Gesetze
der Geschichte, wonach in dem Geist der Völker
und in den Verhältnissen unaufhaltsame Ent=
wicklungen vorgehen, denen durch Anpassung der
politischen und socialen Einrichtungen daran
Rechnung getragen werden muß.

Das Bewußtsein, diese Pflicht versäumt zu
haben, war es wohl auch, was, als die Bewegung

von 1848 losbrach, als der lange unterdrückte
und mißachtete Volksgeist sein Recht forderte, den
Arm der Regierungen lähmte, sie nachgiebig stimmte
und sie abhielt, von den Machtmitteln Gebrauch
zu machen, die ihnen zu Gebote standen.

In Frankreich war aus ähnlichen Ursachen,
aus jener Halsstarrigkeit Ludwig Philipps, der
streng auf seinem persönlichen Regiment beharrte,
und jenem dreifachen rien (nichts), welches dessen
Minister Guizot der Opposition entgegenwarf, als
diese eine zeitgemäße Umgestaltung des veralteten
Wahlgesetzes verlangte, die Revolution des Jahres
1848 erwachsen, welche den König sammt seinem
Minister vom französischen Boden vertrieb.

Eine „Revolution" in diesem Sinne war die
deutsche Märzbewegung nicht, obschon man sie
häufig so genannt hat*). Sie war es weder in
ihren Mitteln, noch in ihren Zielen. Nicht in ihren

*) So in dem unlängst erschienenen Buche: „Die
deutsche Revolution von 1848/49" von Hans Blum.

Mitteln, denn auch die weitgehendsten Forderungen des Volkes suchten nicht sich mit Gewalt durchzusetzen, sondern wandten sich bittweise, wenn auch bisweilen in etwas stürmischer Form, an die geordneten Gewalten. Die sog. Revolution von 1848 verfuhr darin sogar glimpflicher als die auch sogenannte „Revolution" von 1830. Damals wurden in Leipzig die Wohnungen der Polizeibeamten erstürmt und geplündert, in Dresden das Polizeigebäude in Brand gesteckt, in Braunschweig der Herzog verjagt und sein Schloß angezündet, in Kurhessen ebenfalls der Kurfürst gezwungen, das Land zu verlassen.

Einzelne Ausschreitungen kamen auch 1848 vor, aber sie hatten mehr einen socialen als einen politischen Charakter und bewegten sich in engeren Kreisen. In ihren Zielen glich die Bewegung von 1848 keiner der großen geschichtlichen Revolutionen, weder den englischen von 1640 und 1688, noch den französischen von 1789, 1830, 1848. Diese

alle stürzten jedes Mal die ganze bestehende
Ordnung der Dinge um, verwandelten die
Monarchie in Republik oder setzten wenigstens
an die Stelle der einen Dynastie eine andere.
Die Märzbewegung dagegen „blieb vor den Thronen
stehen", wie man es damals nannte.

Der republikanische Aufstand, den Hecker und
Struve im badischen Oberland im April erregten,
beschränkte sich auf einen ganz kleinen Bezirk und
fand selbst in · diesem so wenig Anklang, daß
Hecker, als er sich zum Losschlagen entschloß, kaum
50 Mann um sich hatte und, als es zum Zu=
sammenstoß mit den Bundestruppen kam, kaum
1200.

Den allerstärksten Beweis dafür, daß die
Märzbewegung nicht eine eigentliche Revolution
war, liefert die Geschichte des Berliner Aufstandes
vom 18. März. Einen halben Tag und eine
Nacht hindurch wird mit großer Erbitterung
zwischen Volk und Militär gekämpft. Auf Befehl

des Königs wird Letzteres am Morgen des
19. März zurückgezogen und durch ein unbegreif=
liches Mißverständniß auch vom Schloß und aus
der Stadt entfernt. Damit sind die Aufständischen
Herren der Stadt und der Person des Königs ge=
worden. Aber nicht das Geringste geschieht, um
diesen Vortheil auszunutzen. Kein Ruf nach Ent=
thronung des Königs, nach Verkündigung der Re=
publik wird laut. Ja, als einzelne Heißsporne
dergleichen versuchen, werden sie von der Menge
zum Schweigen gebracht und bedroht. Selbst die
Volksbewaffnung, nach der ein Haufe stürmisch ver=
langt, wird nicht etwa eigenmächtig in's Werk ge=
setzt, sondern erbeten und von der zuständigen Be=
hörde mittels Auslieferung von 6000 Flinten aus
dem Zeughause gewährt.

Es ist nicht unwichtig, dies zu constatiren,
denn man sieht die Bewegung von 1848 und alle
daraus hervorgegangenen Bildungen, selbst das
Parlament, mit anderen Augen an, wenn man

in dieser Bewegung von vorn herein eine „Revolu=
tion", wohl gar eine von langer Hand angelegte
erblickt, als wenn dies nicht der Fall ist.

Im Laufe der vierziger Jahre hatte sich neben
anderen auch eine gemäßigt liberale Partei heraus=
gebildet, die zugleich vorwiegend national war,
d. h. die ihre Blicke über die engeren Grenzen
des Einzelstaates hinaus auf das Ganze des ge=
meinsamen deutschen Vaterlandes richtete.

Zu ihr gehörten Männer wie Dahlmann, die
beiden Beseler, Heinrich von Gagern, Mathy u. A.
Ihr Organ in der Tagespresse war die von
Gervinus und Häußer redigirte „Deutsche Zeitung".
Im Jahre 1847 hatten sie zum ersten Male eben=
falls eine persönliche Zusammenkunft (zu Heppen=
heim an der Bergstraße) abgehalten, worin sie die
Lage des Vaterlandes besprachen. Eine erste
Frucht dieser Besprechung waren zwei Anträge
auf Herbeiführung eines deutschen Parlamentes,

von denen den einen in der badischen Volkskammer
Bassermann, den anderen in der hessen-darm-
städtischen Heinrich von Gagern stellte. In
manchen Einzelstaaten, wie in Sachsen, hatten im
März 1848 diese Gemäßigten vom Haus aus die
Führung der Bewegung übernommen und sie vor
Ausschreitungen bewahrt. Jetzt suchten sie mit ver-
einten Kräften sich derselben in ganz Deutschland zu bemächtigen, um sie in's rechte Geleise zu
leiten, damit sie sich weder überstürze noch aber
auch verzettele und spurlos vorübergehe. Am
5. März versammelten sich die Männer von
Heppenheim, 51 an der Zahl, unter den Ruinen
des Heidelberger Schlosses, diesen stummen und
doch so beredten Zeugen einer der trübsten Zeiten
des alten Deutschlands, zu einer Berathung. Als
das Dringendste erschien ihnen die schleunige Berufung einer Gesammtvertretung der Nation, eines
deutschen Parlamentes. Dieses sollte eine zeitgemäße, volksthümliche Verfassung für Deutschland

schaffen. Als Grundsätze einer solchen dachten sie sich folgende:

Ein Bundesoberhaupt mit verantwortlichen Ministern. Ein Senat der Einzelstaaten. Ein Haus des Volkes, hervorgehend aus Urwahlen nach dem Maßstabe von 1 zu 70 000. Competenz des Bundes durch Verzichtleistung der Einzelstaaten auf folgende Punkte zu Gunsten der Centralgewalt: ein einziges Heerwesen, eine gemeinsame Vertretung gegenüber dem Auslande, ein System des Handels, der Schifffahrtsgesetze, des Bundeszollwesens, der Münzen, Maße, Gewichte, Posten, Wasserstraßen und Eisenbahnen, Einheit der Civil= und Strafgesetzgebung und des Gerichtsverfahrens. Ein Bundesgericht. Verbürgung der nationalen Freiheitsrechte.

Endlich sprachen sie noch aus:

Der Beschluß der Einberufung der constituirenden Nationalversammlung auf obige Grundlagen hin erfolgt durch die mit Vertrauensmännern verstärkte Bundesbehörde.

Nun thaten sie noch einen zweiten Schritt; sie beriefen mittelst persönlicher Einladungen (an Abgeordnete, Mitglieder von Gemeindecollegien,

Schriftsteller) eine Versammlung von Männern
des öffentlichen Vertrauens aus ganz Deutschland
auf den 30. März nach Frankfurt a. M. Dieselbe
sollte das Parlament gewissermaßen vorbereiten,
sollte die beste Art der Wahlen dazu berathen,
auch für die Beschleunigung dieser Wahlen und
die baldige Einberufung des Parlaments wirken.
Der Volksmund nannte sie daher „Vorparlament".

Die Anhänger der Reaction haben dieses
Vorparlament wegen seines Ursprunges, weil es
durch einen freien Willensact von Männern aus
dem Volke berufen ward, als eine Ausgeburt und
Verkörperung der „Revolution" verschrieen, wie sie
freilich dasselbe auch mit dem aus gesetzlichen
Wahlen hervorgegangenen Parlamente gethan
haben.

Und doch hat gerade dieses angeblich „revo=
lutionäre" Vorparlament den thatsächlichen Beweis
geliefert, wie wenig revolutionär der Volksgeist
damals im größten Theile von Deutschland war,

denn es hat mit großer Mehrheit zweimal Anläufe einer republikanischen Minderheit zurückgeschlagen und dadurch unberechenbare Ruhestörungen in ganz Deutschland, vielleicht einen Bürgerkrieg verhütete.

Sogleich am ersten Tage stellte Gustav von Struve dem monarchisch=constitutionellen Programm der 51 ein entschieden republikanisches, ultra=demo= kratisches und theilweise socialistisches entgegen. Die Versammlung ging zur Tagesordnung über, indem sie beschloß, die ganze Verfassungsfrage dem aus gesetzlichen Wahlen hervorgehenden Par= lamente zu überlassen. Am folgenden Tage bean= tragte Friedrich Hecker in einer feurigen Rede, das Vorparlament sollte zusammenbleiben bis zum Zusammentritt des wirklichen Parlaments. Eine solche Permanenz der Versammlung hätte fast unausbleiblich dieselbe zu einem Convent machen müssen. Die Regierungen, selbst die preußische, waren durch die Märzbewegung sehr geschwächt. Der Süden war noch immer sehr aufgeregt. Die

Mehrzahl der Theilnehmer am Vorparlamente
kam aus dem Süden, nur ein kleiner Theil
aus dem ferneren Norden. Dieses Verhältniß
mußte sich bei längerem Beisammensein der Ver=
sammlung immer mehr zu Ungunsten des Nordens
gestalten, denn viele Mitglieder würden durch ihre
Geschäfte daheim genöthigt sein, zeitweilig die Ver=
sammlung zu verlassen; die aus dem Norden
würden dann nur schwer, die aus dem Süden
viel leichter bei wichtigen Entscheidungen auf ihre
Sitze zurückkehren können. Endlich stand zu be=
fürchten, daß die vorwiegend republikanisch ge=
sinnte Bevölkerung aus der Umgebung Frankfurts
versuchen möchte, einen Druck auf die Versamm=
lung zu üben.

Es war das große Verdienst des ehemaligen
Führers der liberalen Opposition und jetzigen
Ministerpräsidenten in Hessen=Darmstadt, Heinrichs
von Gagern, in einer überzeugenden Rede diese
Gefahren aufgedeckt und abgewendet zu haben.

Der Hecker'sche Antrag ward mit 368 gegen 143 Stimmen, also mit nahezu ⅔ aller Stimmen, verworfen. Selbst von den Süddeutschen hatte eine Mehrzahl dagegen gestimmt.

Auch der vom Vorparlament zurückgelassene Fünfzigerausschuß verfuhr in demselben Sinne einer Aufrechterhaltung der Ordnung. Als Hecker und Struve es nun unternahmen, dieselben Ideen, für die sie im Vorparlamente keine Mehrheit gefunden, mit den Waffen in der Hand durchzusetzen, da versuchte der Ausschuß nicht blos (freilich umsonst), durch zwei an Hecker abgeordnete Mitglieder diesen von seinem verbrecherischen Beginnen abzubringen, sondern er erließ auch Proclamationen an die Bevölkerung in Süddeutschland und an die deutschen Arbeiter in Frankreich, worin er dringend von jedem bewaffneten Zuzug abmahnte. In der einen derselben hieß es:

„Männer in Baden, Württemberg, Rheinbayern und Hessen! Zum Bürgerkriege, zu dem Entsetzlichsten, was uns nur treffen kann, ruft man Euch auf! Ihr sollt die Waffen gegen Eure Mitbürger führen, um Meinungen einer Partei dem ganzen Deutschland aufzubrängen. Und das zu einer Zeit, wo der Wille des deutschen Volkes sich binnen wenigen Wochen in der constituirenden Nationalversammlung aussprechen wird, zu einer Zeit, wo Deutschland im Begriff ist, den Forderungen aller seiner Stämme durch wahrhafte Volksvertreter ihr Recht zu verschaffen! Der Fünfziger=Aus= schuß ist der Zuversicht, daß Ihr die Zumuthungen jenes Aufrufs mit Entrüstung zurückweisen und als freie Bürger= wehr, an der Seite der aufgebotenen Truppen, jenen Ver= blenbeten mit Kraft entgegentreten werdet."

Und in der anderen an die deutschen Arbeiter in Frankreich:

„Wir beschwören Euch, verzichtet auf ben Gedanken, — wenn Ihr ihn anbers, wie öffentliche Blätter berichten, gehegt haben solltet, — in bewaffneten Massen in das Vater= land zurückzukehren. Ein solches Beginnen könnte das Werk Eurer Brüber in Deutschland, könnte auch Eure Hoffnung auf ein freies, einiges Vaterland nur zerstören und würde unabwenbbar mit Euerem eigenen Untergang enbigen.

Einzelnen Ruheſtörungen, wie ſie am Rheine, in Aachen und ſonſt vorkamen, trat der Ausſchuß ebenfalls (wenn auch nicht immer erfolgreich) entgegen. Daneben richtete er aber auch (was man ihm ſehr verübelt hat) ernſte Worte an den Kurfürſten von Heſſen, als in Kaſſel die Garbereiter ohne begründeten Anlaß auf friedliche Bewohner eingehauen hatten.

Mehr als ſechs Wochen lang mußte der Fünfzigerausſchuß die ſchwierige und verantwortungsvolle Rolle auf ſich nehmen, als eine Art von oberſter Behörde für ganz Deutſchland zu gelten, an welche die Bevölkerung ſich vertrauensvoll wendete und deren Unterſtützung ſelbſt die Regierungen bisweilen in Anſpruch nahmen.

Am 18. Mai trat das Parlament zuſammen. Man durfte geſpannt ſein, welchen Charakter, welche Farbe es haben werde. In dem vom

Bundestage im Einverständniß mit dem Fünfziger=
ausschuß erlassenen Wahlgesetz war „jedem selbst=
ständigen, volljährigen Deutschen" das Wahlrecht
und die Wählbarkeit zugesprochen. Ob directe
oder indirecte Wahl, blieb den Regierungen über=
lassen. Zu den Volkskammern in den Verfassungs=
staaten war bisher nach mehr oder weniger be=
schränkten Wahlgesetzen gewählt worden. In
Preußen und Oesterreich hatte es eigentliche Volks=
wahlen überhaupt noch nicht gegeben. Jetzt sollte
auf einmal allerwärts nach einem Wahlgesetze
gewählt werden, welches alle bisherigen Schranken
des Wahlrechtes aufhob, ja, in Bezug auf das
Alter des Wählenden und des zu Wählenden, weiter
ging als unser heutiges Reichswahlgesetz. Und
diese Wahlen sollten stattfinden unter dem noch
nachzitternden Eindrucke einer Bewegung, welche
alle Gemüther auf's Tiefste erregt, alle Leiden=
schaften entfesselt, die weitgehendsten Wünsche und
Hoffnungen erweckt hatte!

Unter solchen Umständen war es ein über=
raschendes Ergebniß der Wahlen zu diesem ersten
Parlamente, daß dieselben eine überwiegend ge=
mäßigte Mehrheit und nur eine verhältnißmäßig
geringe Zahl Solcher ergaben, die mehr oder
weniger radical waren. Allerdings war der allge=
meine Stand der politischen Ansichten seit dem
vorigen Jahre dergestalt nach links hin verschoben,
daß z. B. Herr von Vincke, der auf dem Vereinigten
Landtage Preußens an der Spitze der liberalen
Opposition gestanden hatte, hier auf der äußersten
Rechten saß. Allein der Grundcharakter aller
Parteien, nur die äußersten ausgenommen, war
doch ein solcher, daß sie das Interesse der noth=
wendigen Ordnung nicht aus dem Auge verloren,
daß sie zwar nach Reformen strebten, dagegen den
Gedanken eines revolutionären Umsturzes aller Ver=
hältnisse weit von sich wiesen.

Das Parlament bestand auf dem Papier
aus 649 Mitgliedern (1 auf 70 000 Einwohner);

wirklich anwesend waren gewöhnlich nur zwischen 500 und 600, bisweilen noch weniger. Bei der Abstimmung über das Erbkaiserthum waren es 530. Beschlußunfähig war das Parlament nicht ein einziges Mal, (außer etwa in der ersten Viertelstunde einer Sitzung), obschon die Sitzungen, die in der Regel um 9 Uhr begannen und bis $2\frac{1}{2}$, $3\frac{1}{2}$, 4, mitunter auch bis 5 oder 6 Uhr dauerten (die über den Malmoeer Waffenstillstand bis 8 Uhr), oft sehr ermüdend waren.

Nach den politischen Richtungen gliederte sich die Versammlung folgendermaßen: I. Aeußerste Rechte: 1. Steinernes Haus *) (kirchlich-katholischer Flügel) 17, 2. Café Milani (weltlicher Flügel) 40. II. Gemäßigte Rechte: Casino 136. III. Rechtes Centrum. 1. Landsberg 44, 2. Augsburger Hof 40. IV. Linkes Centrum: 1. Württemberger Hof 45,

---

*) Die Clubs oder Fractionen nannten sich in Frankfurt nach ihren Versammlungslocalen.

2. Westendhall 50. V. Gemäßigte Linke: Nürnberger Hof. 12. VI. Linke: Deutscher Hof 50. VII. Aeußerste Linke: Donnersberg 40.

Es waren also 277 (I. II. III.) Monarchisch-constitutionelle, 107 (IV und V) Solche, die sich für die Monarchie „auf breitester demokratischer Grundlage" erklärten, 90 (VI und VII) republikanisch Gesinnte, somit $3/5$ entschieden monarchisch, $1/5$ monarchisch-demokratisch, nur $1/5$ republikanisch.

Dies war der Stand der Parteien bis zum October 1848. Später, wo die sogenannte „österreichische Frage", d. h. das Verhältniß Oesterreichs zu dem zu gründenden Deutschen Bundesstaate in den Vordergrund trat und die Versammlung spaltete, begann eine ganz neue Gruppirung der Parteien. Die Oesterreicher zogen sich aus den Clubs, denen sie bisher angehört hatten, zurück und bildeten, Conservative und Liberale, eine einzige compacte Masse unter Führung des österreichischen Bevollmächtigten bei der Centralgewalt Ritters von

3*

Schmerling. Ihnen schlossen sich die Particularisten und die Ultramontanen, endlich auch —
(aus Abneigung gegen ein preußisches Kaiserthum)
— die gesammte Linke an. Gegenüber dieser
Coalition bildete sich eine sogenannte „Erbkaiserpartei" (Weidenbuschverein). Derselben schlossen
sich neben den Clubs der Rechten und des rechten
Centrums auch Manche aus dem linken Centrum
an, so daß diese Partei zuletzt wohl 250 feste
Anhänger zählte.

Bemerkenswerth war bei den Wahlen noch
dies, daß sehr viele Wahlkreise, die gleichzeitig
oder bald darauf Abgeordnete zu Einzellandtagen
zu entsenden hatten, in der Wahl dieser radicaler
verfuhren, als in der Wahl zum Parlamente.
Ein gesunder Sinn sagte dem Volke, daß über
seine wichtigsten Interessen, die daher am be-
sonnensten behandelt sein wollten, nicht in Dresden
oder Stuttgart, ja nicht einmal in Berlin, sondern
in Frankfurt entschieden werden würde.

Freilich waren es nicht immer geschulte Politiker, welche dieser im Ganzen richtige Instinct der Wähler zu ihren Vertrauensmännern für Frankfurt ersah. Woher hätten auch solche in so großer Zahl kommen oder wie hätten sie dem Volke bekannt sein sollen? Häufig waren es Männer, die auf anderen Gebieten einen hervorragenden Ruf (als Gelehrte, als Dichter oder sonst) genossen, oder solche, zu denen das Volk aus irgend welchen persönlichen Gründen ein besonderes Vertrauen hatte.

So geschah es, daß der Fülle allgemeiner Bildung, welche unbestritten in diesem ersten deutschen Parlamente vereinigt war, nicht immer durchweg das Maß staatsmännischer Einsicht oder praktischer Realpolitik entsprach, welches die Anträge und die Abstimmungen bekundeten. Besonders häufig ist über das angebliche Uebermaß des Gelehrtenthums im Parlamente gespöttelt worden. In der That befanden sich in der Versammlung

nur allein einige vierzig Profefforen aller Facul=
täten, (barunter berühmte Namen wie Dahlmann,
Albrecht, Jacob Grimm, Gervinus, Fallmerayer,
Mittermaier, von Hermann, Carl Vogt, Döllinger
und Andere). Dazu kamen sechs Dichter (Arndt,
Uhland, Anastasius Grün, Wilhelm Jordan,
Moritz Hartmann und Heinrich Laube), endlich
eine Anzahl katholischer und protestantischer Theo=
logen, insgesammt Vertreter mehr einer idealistischen
oder theoretischen, als einer praktischen Lebens=
auffassung.

Indessen hatten doch die verschiedenen Einzel=
landtage auch eine ziemliche Anzahl von parlamen=
tarisch geschulten Männern geschickt, meist bisherige
Führer oder Mitglieder der liberalen Opposition
(darunter 11 Märzminister), ebenso der Vereinigte
Landtag Preußens und die Versammlung der
niederösterreichischen Stände. Der warmen An=
hänglichkeit des Volkes (welches für Verdienste um
sein Wohl meistens ein getreueres Gedächtniß hat,

als mancher Große) verdankten die Männer,
welche als Fürsprecher der Freiheit oder Einheit
von der Reaction zu Märtyrern gemacht worden
waren (die Arndt, Jahn, Sylv. Jordan, Eisen=
mann, Behr), Size im Parlamente. Neben ihnen
saßen dann politische Flüchtlinge (Venedey, Ahrens,
Savoye, Schüler=Zweibrücken), welchen durch das
Jahr 1848 die Grenzen des Vaterlandes wieder
erschlossen worden waren.

Einen Vorzug hatte das Parlament von
1848 entschieden vor so manchem späteren Reichs=
tage: weder die Einzelnen noch die Parteien
wurden durch persönliche oder Standesinteressen
geleitet. Zu einem „Streberthum" war ohnehin
kein Anlaß, aber auch nicht zur Geltendmachung
solcher Berufsinteressen, welche sonst wohl oft diese
Versammlungen spalten. Das kirchliche Element,
welches jetzt eine so verhängnißvolle Herrschaft
im Reichstage übt, war damals in zu geringer
Zahl vorhanden, um eine ähnliche Rolle zu spielen.

Es war daher nur die einer jeden Partei als
solcher eigenthümliche (freilich mitunter irregehende)
Auffassung von dem, was der Nation fromme,
welche die Abgeordneten bei ihren Anträgen und
Abstimmungen beeinflußte.

Sogleich bei der Eröffnung des Parlamentes
stand demselben eine merkwürdige Ueberraschung
bevor. In allen Parlamenten (bis herab auf den
kleinsten Landtag) ist es Brauch, daß den Verhandlungen Vertreter der Regierung beiwohnen.
Von einer solchen Vertretung der Regierungen war
hier Nichts zu sehen. Das Einzige, wodurch dieselben sich vernehmen ließen, war ein schriftlicher
Gruß des Bundestages an das Parlament, worin
es hieß:

„In seinen Grundfesten hat das alte politische Leben
gebebt, und, von dem Jubel und dem Vertrauen des ganzen
deutschen Volkes begrüßt, erhebt sich eine neue Größe, das
deutsche Parlament. Die deutschen Regierungen und ihr

Organ, die Bundesversammlung, mit dem deutschen Volke in gleicher Liebe für unser großes Vaterland vereint und aufrichtig huldigend dem neuen Geiste der Zeit, reichen den Nationalvertretern die Hand zum Willkommen und wünschen ihnen Heil und Segen.“

Das Parlament nahm diese Zuschrift lediglich zu den Acten.

Der Bundestag hatte in dem Erlaß, worin er die Regierungen zur Veranstaltung von Wahlen aufforderte, als die Aufgabe der zu wählenden „Nationalvertreter“ die bezeichnet:

„zwischen den Regierungen und dem Volke das deutsche Verfassungswerk zu Stande zu bringen.“

Hiernach mußte man annehmen, der Bundestag werde im Namen der Regierungen dem Parlamente einen Entwurf zu diesem „Verfassungswerke“ vorlegen, und die Aufgabe der „Nationalvertreter“ solle es sein, die darin ausgedrückten An- und Absichten der Regierungen mit den aus dem Volke kommenden Anforderungen in Einklang zu bringen.

Der Bundestag hatte auch wirklich schon im März zum Zwecke der Herstellung eines solchen Entwurfes „Vertrauensmänner" nach Frankfurt entboten. Man hörte, daß im Schooße dieses Vertrauens=männer=Collegiums ein Verfassungsentwurf (wesent=lich das Werk Dahlmanns und Albrechts) aus=gearbeitet und am 26. April dem Bundestage überreicht worden sei, worauf letzterer beschlossen habe, den Entwurf alsbald an die einzelnen Regierungen zu versenden und ihn sodann „in ab=gekürzter Form" zu berathen.

Von einem solchen Verfassungsentwurfe war aber jetzt ebensowenig eine Spur vorhanden, wie von einer Vertretung der Regierungen durch Commissarien. Eine „Vereinbarung" zwischen dem Parlamente und den Regierungen über das vom ersteren „zu Stande zu bringende" Verfassungs=werk war daher von vornherein so gut wie un=möglich gemacht.

Man hat vielfach dem Parlamente vor=

geworfen, es habe eine solche Vereinbarung aus
Uebermuth und Ueberschätzung seiner Macht und
seines Rechtes, aus trotzigem Pochen auf das
Princip der „Volkssouveränität" von sich gewiesen.
Man hat sich dafür auf einen im Vorparlamente
gestellten Antrag berufen, der dahin ging, „die
Beschlußfassung über die künftige Verfassung
Deutschlands sei einzig und allein der vom Volke
zu wählenden Nationalversammlung zu überlassen".
Aber dieser Antrag (der eigentlich nur den Zweck
hatte, die Verhandlungen über gewisse Specialfragen
abzuschneiden) ward, weil er wegen seiner Zwei=
deutigkeit Widerspruch fand, von dem Antragsteller
selbst dahin erläutert: „es solle der künftigen
Nationalvertretung in keiner Weise ein Zwang auf=
erlegt, vielmehr gänzlich freigelassen werden, ob sie,
nachdem sie mit ihrem Geschäfte fertig geworden,
darüber Verträge mit den Fürsten abschließen
wolle oder nicht." Erst nach dieser Erläuterung
fand der Antrag Annahme.

Wie aber und mit wem sollte das Parlament sich vereinbaren, wenn die Regierungen weder durch Commissarien noch durch einen Verfassungs=entwurf, der als der Ausbruck ihrer gemeinsamen Ansichten gelten könnte, vertreten waren? Das treffendste Wort in dieser Vereinbarungsfrage hat jedenfalls der erste Präsident des Parlaments, Heinrich von Gagern, gesprochen, da er beim Antritt seines Amtes sagte:

„Den Beruf und die Vollmacht, dieses Verfassungswerk zu schaffen, hat die Schwierigkeit in unsere Hände gelegt, um nicht zu sagen die Unmöglichkeit, daß es auf anderem Wege zu Stande kommen könnte. Die Schwierigkeit, eine Verstän=bigung unter den Regierungen zu Stande zu bringen, hat das Vorparlament richtig vorgefühlt und uns den Charakter einer constituirenden Versammlung vindicirt. Deutschland will Eins sein, Ein Reich, regiert vom Willen des Volkes unter Mitwirkung aller seiner Gliederungen. Diese Mit=wirkung auch den Staatsregierungen zu erwirken, liegt mit in dem Berufe dieser Versammlung."

Die Schwierigkeit, ja Unmöglichkeit, auf welche

Gagern hier hindeutet, mit 36 Regierungen sich
zu vereinbaren, die untereinander selbst nicht
einig sind, war auch im Schooße des Bundestages
empfunden und anerkannt worden; sie war es
gewesen, welche sowohl die Vorlegung eines Ver-
fassungsentwurfs an das Parlament als auch
eine gemeinsame Vertretung der Regierungen vor
dem Parlamente verhindert hatte. Diese Unmöglichkeit einer Verständigung so vieler Regierungen
unter einander und mit dem Parlamente erwies sich
auch in einem spätern Stadium des Verfassungs-
werks als um nichts verringert. Nach vollendeter
erster Lesung der Verfassung im Januar 1849
wollte Gagern das Wort von der Mitwirkung der
Regierungen, das er als Präsident gesprochen, als
Vorsitzender des Reichsministeriums, was er in-
zwischen geworden war, gewissermaßen einlösen.
Er erließ daher ein Circular an alle Regierungen,
worin er dieselben ersuchte, etwaige Ausstellungen
gegen die Ergebnisse dieser ersten Lesung dem

Reichsministerium mitzutheilen. Dieses werde solche dem Verfassungsausschuß übermitteln, damit er sie bei der Vorbereitung der zweiten Lesung berücksichtige. Die preußische Regierung unterstützte dieses Vorhaben Gagerns. Ihr Bevollmächtigter für Frankfurt, Camphausen, veranstaltete Conferenzen der Regierungen, in denen das Nähere besprochen werden sollte. Die kleineren Regierungen, 26 an der Zahl, voran Baden, gingen bereitwillig darauf ein, und es wurden verschiedene Aeu=berungsvorschläge gemacht. Mit dem Grund=gedanken der Verfassung, dem erblichen mon=archischen Oberhaupte, bezeigten sich alle diese Re=gierungen einverstanden. Das Gleiche hatte die preußische Regierung in einer Note vom 23. Januar 1849 gethan. Nur die vier Könige hielten sich fern; sie erklärten in mehr oder weniger scharfen Noten, daß sie in keine Verfassung willigen würden, welche eine monarchische Spitze hätte und welche Oesterreich ausschlösse. Oesterreich selbst

behielt sich sein Urtheil bis nach dem Schluß der
zweiten Lesung vor.

So war diese Vereinbarung gründlich gescheitert
und damit zugleich die von Gagern betonte Unmöglichkeit thatsächlich erwiesen, mit 36 Regierungen
zu vereinbaren.

Nur in aller Kürze sei noch zweier anderen
Versuche gedacht, die schon im März 1848 gemacht
wurden — nicht von officieller, sondern von anderer
Seite — eine Vereinbarung unter den Regierungen
und dieser mit den Vertretern der Nation anzu-
bahnen. Es sind dies die sogenannte „süddeutsche
Gesandtschaft" und der Plan der Errichtung eines
Staatenhauses als zweiten Factors neben dem
Parlamente bei Feststellung der Verfassung. Die
süddeutsche Gesandtschaft verdankte ihre Anregung
den Gebrüdern Gagern. Heinrich von Gagern
war damals Ministerpräsident in Darmstadt, sein
jüngerer Bruder Max bekleidete einen hohen
Posten in Nassau. Beide Brüder bewogen ihre

Fürsten, eine Gesandtschaft an die Höfe von
Karlsruhe, Stuttgart, München, Dresden, dann
aber nach Berlin abzuordnen. Dieselbe sollte
(unter Voraussetzung der Zustimmung jener andern
Höfe, die auch von allen bis auf den Münchner
erfolgte) den König von Preußen ersuchen, sofort
die provisorische Leitung der deutschen Angelegen=
heiten, die Berufung des Parlaments und die
Herstellung einer einheitlichen Vertretung der Re=
gierungen vor diesem in die Hand zu nehmen.
Der Plan scheiterte daran, daß, als die Gesandt=
schaft in Berlin anlangte, der blutige Straßen=
kampf vom 18. März stattgefunden hatte. Die
dadurch auf die Bevölkerung in ganz Deutschland
zu Ungunsten des Königs Friedrich Wilhelm IV.
geäußerte Wirkung war so stark, daß sie die Führung
einer solchen Vertrauensstellung durch denselben in
diesem Momente unmöglich machte. Der Plan
eines Staatenhauses war folgender. Der Bundes=
tag sollte die Zahl seiner Mitglieder etwa bis

auf 70 (so viele Stimmen hatte das Plenum der Bundesversammlung) erhöhen: diese sollten neben dem Parlamente und zwar ebenfalls öffentlich tagen. Jeder Abschnitt der Verfassung sollte, nachdem das Parlament Beschluß darüber gefaßt hätte, an das Staatenhaus gehen und von diesem berathen werden. Durch einen solchen Meinungsaustausch in parlamentarischen Formen und im Lichte der Oeffentlichkeit würde, so meinten die Vertreter dieses Planes, eine Vereinigung zwischen beiden Körperschaften und damit zwischen den Regierungen und dem Volke erzielt werden können. Der Plan ward von einigen Regierungen, zum Beispiel der braunschweigischen und der königlichsächsischen, unterstützt. Er scheiterte angeblich an dem Widerspruch der größeren Regierungen, welche wohl fürchteten, bei derartigen parlamentarischen Verhandlungen von den kleineren, mehr volksthümlich gesinnten, überstimmt zu werden.

Durch die obige, streng auf acten= und offen-

kundige Thatsachen gegründete Darlegung dürfte
vorläufig wenigstens so viel erwiesen sein, daß der
Vorwurf, das Parlament habe jede Vereinbarung
zurückgewiesen, auf einer sehr einseitigen Beur=
theilung des Thatbestandes beruht. Von den An=
hängern eines absolutistischen Systems, den
Männern der Reaction, wird freilich unter Verein=
barung häufig das verstanden, daß bei einer
Meinungsverschiedenheit zwischen dem Parlamente
und den Regierungen die letzteren unbedingt das
entscheidende Wort zu sprechen hätten. Allein so
ist es nicht einmal im gewöhnlichen constitutionellen
Staate, wo ein Gesetz, auch ein Verfassungsgesetz,
nur durch beiderseitige Uebereinstimmung zu Stande
kommen kann. Wie hätte das Parlament, welches
der Bundestag selbst gewissermaßen zum Schieds=
richter „zwischen Volk und Regierungen" gesetzt
hatte, von dem die Nation erwartete, daß es dem
deutschen Vaterlande eine seiner Größe entsprechende
einheitliche, nicht nach kleinstaatlichem Maßstabe

zugeschnittene Verfassung geben werde, sich eine
Octroyirung der Verfassung von Seiten solcher
Regierungen gefallen lassen können, die, wie die
vier königlichen und die österreichische, einen
ganz entgegengesetzten Standpunkt vertraten?

———

Ein Vorwurf ganz entgegengesetzter Art, wie
der, daß es zu starr auf seinem Rechte beharrt
habe, ist dem Parlamente ebenfalls gemacht
worden, und zwar, sonderbarer Weise, zum Theil
von derselben Seite her. Man hat gesagt, das
Parlament hätte die Zeit, wo es durch den Rück=
halt der Volksstimmung in ganz Deutschland
mächtig, die Regierungen dagegen durch die Nach=
wirkungen der Märzbewegung geschwächt waren,
benutzen sollen, um die Verfassung rasch fertig
zu machen und die fertige den Regierungen auf=
zubrängen. Statt dies zu thun, habe es eine kost=
bare Zeit durch die lange Durchberathung der
Grundrechte des Volkes verloren.

4*

Dieser Vorwurf hat einen gewissen Schein
der Berechtigung, beruht aber dennoch auf einer
Verkennung der Verhältnisse, wie sie in der
Wirklichkeit waren.

Die Vorwegnahme der „Grundrechte" vor den
organischen Theilen der Verfassung, und was damit
zusammenhing, hatte an sich einen guten Grund.
Für einen großen, ja den größten Theil der Bevöl=
kerung war der eigentliche Kern der Märzbewegung
doch mehr das freiheitliche als das einheitliche
Moment gewesen. Nur die politisch Höhergebil=
deten hatten das letztere in den Vordergrund ge=
rückt. Die Rechts= und Freiheitsbeschränkungen
der vormärzlichen Zeit waren so drückend und
namentlich für den Einzelnen so fühlbar gewesen,
daß der Drang, sie nicht nur abzuschütteln, sondern
ihre Wiederkehr um jeden Preis zu verhindern,
in weitesten Kreisen fortlebte und Befriedigung
heischte. Die radicale Partei versäumte Nichts,
um diesen Drang lebendig und damit die Er=

regung im Volke permanent zu erhalten. Den
Gemäßigten dagegen war Alles daran gelegen,
diese Erregung zu stillen, das öffentliche Leben
wieder in ruhige Geleise zu leiten und so, wie
man es damals nannte, „die Revolution zu
schließen". Das Vorparlament hatte in diesem
Sinne eine Reihe der bringendsten Beschwerden des
Volkes dem Parlamente zur Abhülfe empfohlen.
Die Grundrechte sollten eine solche Abhülfe bieten,
zugleich aber die zum Theil allzuweit gehenden
Volkswünsche (die noch immer in Versammlungen
und sonst laut wurden) auf ihr rechtes Maß
zurückführen. Die Linke forderte ungestüm die
alsbaldige Festsetzung solcher Grundrechte, und es
wäre nicht wohlgethan gewesen, durch Versagung
dieser Forderung ihr immer neuen Stoff für ihre
Agitation zu liefern.

Dazu kam aber noch etwas Anderes.

Eine Berathung der schwierigen Fragen
wegen der Regierungsform u. dergl. sogleich in

ben Anfängen des Beisammenseins des Parlaments
hätte dieses völlig unvorbereitet dafür gefunden.
Man vergesse nur nicht, daß die Versammlung zu
einem sehr großen Theil aus Mitgliedern bestand,
die im parlamentarischen und überhaupt im
politischen Leben noch Neulinge waren, die über
schwierige Fragen, wie solche hier zur Lösung
standen, vielleicht kaum noch sehr nachgedacht,
geschweige sich ein festes Urtheil gebildet hatten,
die erst der Vertiefung in solche, der Abklärung
ihrer Begriffe theils durch eigenes Ueberlegen,
theils durch Besprechungen in den Clubs, der
Sammlung von Erfahrungen und Beobachtungen
bedurften. Ohnehin waren die Verhältnisse so
verzwickt (man denke nur an die österreichische
Frage, an das Problem des Schaffens einer höchsten
Spitze über einer Menge von souveränen Staaten
und Aehnliches!), daß selbst alte und gewiegte
Parlamentarier zum Theil auf die sonderbarsten
Ideen verfielen. Der Verfassungsausschuß, der

doch die politisch reifsten Männer in sich faßte,
war im Anfang und blieb auch bis zuletzt der=
maßen in sich gespalten, daß z. B. in der Ober=
hauptsfrage es neben der Majorität nicht blos
eine, sondern eine ganze Anzahl von Minoritäten
gab. Zum Beleg der babylonischen Verwirrung
der Gedanken, der Wünsche, der Vorschläge, die
damals in Betreff der künftigen Verfassung im
Schooße des Parlaments und in den ihm nahe=
stehenden Kreisen herrschte, seien hier nur folgende
Beispiele angeführt. Welcker, der im März 1849
leidenschaftlich für den preußischen Erbkaiser ein=
trat, sprach sich im April 1848 als Berichterstatter
über den Bassermann'schen Antrag in der zweiten
badischen Kammer für eine Kaiserwahl auf drei
Jahre aus. Robert Mohl, später einer der ent=
schiedensten Vertreter des preußischen Erbkaiser=
thums, erklärte sich im Sommer noch für einen
Erbkaiser aus dem Habsburgischen Hause.
Bunsen, der Vertraute des Königs Friedrich

Wilhelm IV., war damals noch für einen lebens=
länglichen Wahlkaiser. Die „Deutsche Zeitung",
die vor dem 18. März für die Führerschaft
Preußens geschwärmt hatte, neigte sich nach diesem
Tage einer föderativen Verfassung nach Art der
nordamerikanischen zu. Der Heißsporn Vincke hatte
in einer der ersten Parteiversammlungen vorschlagen
wollen, das Parlament möge sofort das preußische
Erbkaiserthum proclamiren, war aber bedeutet
worden: das sei jetzt unmöglich, die Frage der
Kaiserwürde und die Stellung Oesterreichs seien
noch zu sehr im Unklaren, man möge daher erst
Anderes vornehmen.

Der Berichterstatter des Ausschusses, Georg
Beseler, faßt in seinem Buche „Erlebtes und
Erstrebtes" die Sachlage sehr richtig so zusammen:

„Alles drängte auf den schleunigen Abschluß des
Verfassungswerkes, und es lag auf der Hand, daß dessen
Durchführung um so leichter sei, je weniger angefochten noch
die Machtstellung 'der Nationalversammlung war. So

wurden die weitschweifigen Verhandlungen über die Grundrechte mit steigender Ungeduld empfunden, während doch
die Eingeweihten sich sagen mußten, daß das Verfassungswerk für seine Vollendung noch nicht
reif sei."

Wie unmöglich es im Sommer 1848 gewesen
wäre, im Parlamente für König Friedrich Wilhelm IV. als deutschen Kaiser auch nur ein
Dutzend Stimmen zu gewinnen, zeigte recht augen-
fällig folgender Vorgang:

Als es sich um die Wahl eines Reichsverwesers handelte, schlug ein Abgeordneter aus
Preußen (Braun-Cöslin) mit schüchterner Stimme
seinen Landesherrn dazu vor. Das erregte allgemeine Heiterkeit, und auf die Unterstützungsfrage
erhoben sich kaum ein paar Mitglieder.

Wenn daher, wie heutzutage wohl kein
politisch und patriotisch denkender Mann leugnen
wird, das preußische Erbkaiserthum die einzig
mögliche Lösung der Oberhauptsfrage war, so hatte

gewiß Beseler Recht, wenn er sagte: „Dieser
Theil der Verfassung war für seinen Abschluß
noch nicht reif."

Uebrigens geht man auch zu weit, wenn
man annimmt, die Regierungen würden sich im
Sommer so ohne Weiteres in jeden Beschluß des
Parlaments gefügt haben. Die österreichische
Regierung hatte schon am 27. März in einem
amtlichen Artikel der Wiener Zeitung in sehr ent=
schiedener Weise erklärt, „sie müsse sich die ausdrück=
liche Zustimmung zu jedem von der Versammlung
gefaßten Beschlusse unbedingt vorbehalten". Etwas
Aehnliches erklärten um Weniges später die sächsische
und die bayerische Regierung.

Das Gefühl freilich, daß, je weiter man sich
von der Märzbewegung entferne, der Einfluß des
Parlaments auf die öffentliche Meinung und
durch diese auf die Regierungen immer schwächer
werde und daß die lediglich ideale Macht des
Parlaments nicht ausreichen dürfte, der auf sehr

reale Mittel gestützten Macht der Regierungen,
wenn diese erst einmal davon Gebrauch machen
würden, Stand zu halten, dieses Gefühl bemächtigte
sich allmählich selbst der Unverzagtesten in der
Versammlung. Einzelne Heißsporne ließen sich
dadurch zu den abenteuerlichsten Vorschlägen hin=
reißen. Sie verlangten allen Ernstes die Bildung
eines „Parlaments=Heeres", damit das Parlament
nöthigen Falls Macht gegen Macht mit den Re=
gierungen unterhandeln könne. Sie dachten wohl
an Cromwells Parlaments=Heer, womit dieser das
Heer des Königs besiegt und diesen gefangen ge=
nommen hatte. Sie bedachten aber nicht, daß
schon der Versuch einer solchen militärischen Or=
ganisation im Gegensatz zu den ordentlichen Heeren
sofort die ernstesten Conflicte und entweder die
Vernichtung des Parlaments oder die Vernichtung
der monarchischen Gewalten, die Republik, herbei=
führen müßte.

Was die, von Manchen für eine bloße über=

flüssige Decoration am Verfassungswerke erklärten
„Grundrechte des deutschen Volkes" und deren
gründliche, bisweilen wohl etwas gar zu gründ=
liche Durchberathung im Parlamente betrifft, so
hat die Folgezeit gezeigt, nicht nur, daß das Par=
lament bei der Feststellung dieser Grundrechte fast
immer die rechte Mitte zwischen dem Zuwenig
und dem Zuviel getroffen, sondern daß es auch
damit Keime einer zeitgemäßen Entwicklung unserer
öffentlichen Zustände ausgestreut hat, die, wenn
auch nur allmählich, aufgegangen sind und Frucht
getragen haben. Obschon von dem wiederher=
gestellten Bundestage (als eines der ersten Opfer
der so bald schon hereingebrochenen furchtbaren
Reaction) für null und nichtig erklärt, sind sie
doch theils in die verschiedenen Landesgesetz=
gebungen, theils in die Gesetzgebung des Nord=
deutschen Bundes und des neuen Deutschen Reiches
übergegangen.

Ich habe sogleich im Eingange dieser Ab=
handlung gesagt, daß es nicht meine Absicht sei,
eine Geschichte des Parlaments von 1848 zu
geben. Ich lasse mich daher weder auf die Einzel=
heiten der Berathung der „Grundrechte", noch auf
die der Verhandlungen über die organischen Theile
der Verfassung („das Reich", „die Reichsgewalt"
u. s. w.), am allerwenigsten auf die verwickelte
„österreichische Frage" ein. Auch der vom Par=
lamente unter nachträglicher Zustimmung der Re=
gierungen geschaffenen „provisorischen Centralgewalt"
kann ich nur in aller Kürze gedenken. Sie hatte
mit großen Schwierigkeiten im Innern und nach
Außen zu kämpfen. Im Innern stieß sie, obgleich
an ihrer Spitze ein Mitglied des Habsburgischen
Hauses, der Erzherzog Johann, stand, sobald sie
sich als über den einzelstaatlichen Gewalten stehend
geltend machen wollte, vielfach auf den Widerstand
dieser letzteren; im Verkehr mit dem Auslande
entbehrte sie das Ansehen, welches nur eine fest=

begründete materielle Macht verleihen kann. Wie
viel „verlor'ne Liebesmüh'" Friedrich von Raumer
als Gesandter des Reichsverwesers in Paris ver-
wendet hat, um von den französischen Machthabern
die Anerkennung des noch unfertigen neuen Deutschlands zu erlangen, zeigen dessen „Briefe aus
Paris". Dem berühmten Gelehrten sagte man
Schmeicheleien, dem Diplomaten gegenüber verhielt
man sich höflich ausweichend. In der Mithilfe
zum Kriege mit Dänemark und zum Schutze
Schleswig-Holsteins, in der Unterdrückung des
Frankfurter Septemberaufstandes und bei ähnlichen
Gelegenheiten hat die Centralgewalt ihre Schuldig-
keit gethan und ihre Aufgabe erfüllt. Ueber die
Stellung des Erzherzog-Reichsverwesers zum Verfassungswerke ist Manches noch nicht aufgeklärt.
Unleugbar ist wohl, daß Erzherzog Johann, getreu
den Traditionen seines Hauses, sich, gleich seinem berühmten Vorfahren Max, „zuerst als Oesterreicher
und dann erst als Deutscher" fühlte und bethätigte.

Wohl aber muß ich, und zwar etwas länger,
bei einigen Vorgängen verweilen, welche dem Ab=
schluß der Verfassung theils vorausgingen, theils
ihn begleiteten, und welche verhängnißvoll für das
Schicksal der Verfassung und des Parlamentes
selbst wurden.

Unter den Bestimmungen der Verfassung für
das künftige Deutsche Reich waren zwei, welche
vielfach Anstoß erregt haben, ja von denen man be=
hauptet hat, sie hätten dem König Friedrich
Wilhelm IV. die Annahme der Verfassung und der
auf Grund derselben ihm angebotenen Kaiserkrone
unmöglich machen müssen.   Mit einem so unbe=
schränkten Wahlrecht, wie dort für den Reichstag
aufgestellt sei, und mit einem blos suspensiven
Veto sei schlechterdings nicht zu regieren.

Dieser Behauptung widerspricht sonderbarer
Weise in beiden Punkten die Verfassung unseres
heutigen Deutschen Reichs.   Wir haben ein so

unbeschränktes Wahlrecht für den Reichstag, wie
nur irgend möglich, und ein Veto übt unser
Kaiser überhaupt nicht; als solcher hat er nach
der Reichsverfassung die vom Bundesrath und
Reichstag gemeinsam gefaßten Beschlüsse zu „ver=
kündigen". Verfassungsänderungen kann er in
seiner Eigenschaft als König von Preußen durch
die 17 preußischen Stimmen im Bundesrathe
verhindern; bei einfachen Gesetzen riskirt er über=
stimmt zu werden, wie das schon einmal wirklich
geschehen ist, als durch Mehrheiten im Bundesrath
und Reichstag Leipzig (nicht, wie die preußische
Regierung gewollt, Berlin) zum Sitz des Reichs=
gerichts erklärt wurde. Und, was das Merk=
würdigste, dieses so weitgehende Wahlrecht und
dieser gänzliche Mangel eines directen Veto für
das Reichsoberhaupt sind in die Verfassung ge=
kommen nicht durch eine aus dem Volke heraus=
gewachsene parlamentarische Körperschaft, sondern
durch die preußische und die anderen Regierungen

des Norddeutschen Bundes auf den Rath eines so
conservativen Staatsmannes wie Fürst Bismarck!
Damit will ich nicht sagen, daß das allgemeine,
gleiche, directe und geheime Wahlrecht das Ideal
eines Wahlrechts oder daß nicht der Mangel eines
directen Veto des Kaisers eine staatsrechtliche Ab-
normität sei; nur, meine ich, sollte man sich an-
gesichts dieser Bestimmungen unserer Reichsverfassung etwas weniger stark ereifern über
ähnliche Bestimmungen in der Verfassung vom
27. März 1849.

Was zunächst das Wahlgesetz betrifft, so hatte
damals der Bundestag, also die Gesammtheit der
Regierungen, in seinem Wahlerlaß vom 30. März
1848 „jeden selbstständigen, volljährigen Deutschen"
für wahlfähig und wählbar zum Parlamente erklärt, was, da der Begriff selbstständig in den
meisten Einzelstaaten in sehr liberalem Sinne
ausgelegt wurde, fast noch weiter ging als unser
heutiges Reichswahlgesetz. Die Wahlen zum Parla-

mente nach diesem so freien Wahlgesetz waren
(wie früher gezeigt) ganz überwiegend gemäßigt
ausgefallen. Sollte nun eine Versammlung, die
aus einem solchen volksthümlichen Wahlgesetz
und mittelbar aus einer großen Volksbewegung
hervorgegangen war, einen großen Theil eben dieses
Volkes für wahlunfähig, also für politisch un=
mündig erklären? Nicht blos die Linke sah die
Sache so an, sondern auch manche gemäßigt
Liberale mochten sich solchen Betrachtungen nicht
gänzlich verschließen. Ferner stimmten, um die
Linke zu gewinnen, viele Großdeutsche für ein
möglichst freies Wahlrecht. Mit dieser Coalition
der Linken und der Großdeutschen hatte die con=
servative Mehrheit der Erbkaiserlichen (denn auch
unter ihnen gab es Anhänger eines freieren
Wahlgesetzes) einen harten Kampf zu bestehen.
Ihre Anträge auf sachgemäße Beschränkungen des
Wahlrechts wurden einer nach dem andern ver=
worfen, zuletzt auch der, daß wenigstens öffentlich

zu Protokoll gewählt werden sollte. Das völlig
unbeschränkte Wahlrecht siegte gegen ihren Widerspruch mit großer Mehrheit.

Rücksichtlich des Veto muß man wohl unter-
scheiden zwischen dem bei bloßen Gesetzen und dem
bei Verfassungsänderungen. Bei einfachen Gesetzen
mag der Mangel eines absoluten Veto weniger
bedenklich erscheinen, weil nicht leicht eine parlamentarische Körperschaft einen und denselben Beschluß auf drei nacheinander folgenden Reichstagen
völlig unverändert wiederholen wird, er müßte
denn sachlich so berechtigt und von der öffentlichen
Meinung dermaßen unterstützt sein, daß eine
Regierung sich ihm nicht wohl versagen könnte.
Wenn nun vollends ein solcher Beschluß nur mit
Zustimmung eines Factors gefaßt werden kann,
der die Regierungen vertritt, wie das damals das
Staatenhaus sein sollte und heute der Bundesrath ist, so steht eine Ueberstürzung nicht wohl zu
befürchten.

Solche Erwägungen mögen damals Viele
(auch von der Erbkaiserpartei) dem suspensiven
Veto bei bloßen Gesetzen geneigt gemacht haben.
Bei der ersten Lesung stimmten für dasselbe
Männer wie der württembergische Ministerpräsident
Römer, der Reichsjustizminister R. v. Mohl u. A.
Ein Mitglied des Reichsministeriums, Unterstaats=
secretär Fallati, hatte sogar den Antrag auf Ver=
tauschung des vom Ausschuß vorgeschlagenen
absoluten Veto mit dem suspensiven gestellt. So
ging dieses mit 274 gegen 186 Stimmen durch.

Für die zweite Lesung hatte der Ausschuß
(wie ihm das nach der dortigen Geschäftsordnung
zustand) die in der ersten Lesung abgelehnten
Anträge (absolutes Veto und beschränktes Wahl=
recht) wieder aufgenommen. Kurz vor der zweiten
Lesung stellte nun der Abgeordnete Welcker den
Antrag: „Das Parlament möge die Verfassung so,
wie sie vom Ausschuß für die zweite Lesung vor=
bereitet sei, in einer einzigen Abstimmung an=

nehmen und sodann auf Grund derselben den König von Preußen zum deutschen Kaiser wählen."

Im Parlamente gab es damals eine Partei von 15 bis 20 Mitgliedern ("Nürnberger Hof"), meist Preußen, unter Führung des namhaften Juristen Heinrich Simon. Dieser selbst war, seiner Gesinnung nach, ein ganz guter Preuße, aber auch ein Demokrat von der Sohle bis zum Scheitel. Als Preuße wollte er gern für das Erbkaiserthum im Hause der Hohenzollern stimmen; als Demokrat aber glaubte er dies nur dann thun zu dürfen, wenn er entsprechende Bürgschaften gegen einen möglichen Mißbrauch der monarchischen Gewalt in die Verfassung brächte. Die allerstärksten Bürgschaften dieser Art erblickte er nun in dem allgemeinen und geheimen Wahlrecht und in einem blos suspensiven Veto. So trat er denn, bevor es zur Abstimmung über den Welcker'schen Antrag kam, an die Erbkaiserpartei mit dem Vorschlage heran: "er und die Seinen wollten für das Erbkaiserthum stimmen, wofern die Erbkaiserpartei in jenen beiden Punkten an den Beschlüssen der ersten Lesung festhielte." Dieses Ansinnen ward, wie H. Simon selbst dies in einer öffentlichen Erklärung im Frankfurter Journal vom 30. März 1849 eingestanden hat, von der Erbkaiserpartei kurzweg abgewiesen. Darauf stimmte die Simon'sche Gruppe gegen den Welcker'schen Antrag und brachte denselben zum Falle.

Es mußte nun in die zweite Lesung eingetreten werden. Damit aber änderte sich die ganze Sachlage. Der Welcker'sche Antrag war als ein untheilbares Ganzes in die Versammlung eingebracht und als ein solches auch von der Erbkaiserpartei behandelt, das heißt, es war ein Fractionsbeschluß gefaßt worden, daß alle Mitglieder der Partei auch für das absolute Veto stimmen müßten. Das hatten auch alle gethan, um das Ganze und damit das Erbkaiserthum durchzusetzen, etwa wie im heutigen Reichstage

Manche für die großen Justizgesetze gestimmt
haben, obschon ihnen Einzelnes darin nicht nach
Wunsch war. Jetzt aber sollte über die einzelnen
Paragraphen gesondert abgestimmt werden. Da
trat benn die individuelle Ueberzeugung wieder in
ihr Recht ein. Der bindende Fractionsbeschluß
ward unwirksam, weil ihm die Voraussetzung fehlte,
unter der er gefaßt war, der Welcker'sche Antrag.

Heinrich Simon wandte sich jetzt nochmals
mit seinem Begehren an die Erbkaiserpartei. Es
wurde ihm erwidert: nach jetziger Sachlage habe
die Fraction auf die Abstimmung der einzelnen
Mitglieder darüber keinen Einfluß. Darauf hat
Simon mit den Einzelnen verhandelt. Von diesen
blieben Diejenigen, die bei der ersten Lesung für
das suspensive Veto gestimmt hatten, nur ihrer
Ueberzeugung treu, wenn sie dies abermals thaten.
Elf, die das erste Mal für das absolute Veto
gestimmt, ließen sich, wie es scheint, durch Simons
Drohung, er werde sammt seinen Freunden wiederum

gegen das Erbkaiserthum stimmen, wenn nicht
das suspensive Veto angenommen werde, bestimmen,
zu diesem überzugehen. Dagegen haben nachweis=
lichermaßen zwanzig Andere ihr früheres sus=
pensives Veto mit dem absoluten vertauscht, wahr=
scheinlich, um den wider jenes von den Regierungen
gemachten Ausstellungen Rechnung zu tragen und so
die Annahme der Verfassung nach Möglichkeit zu
sichern. Die Erbkaiserpartei als Ganzes hat
daher bei der zweiten Lesung neun Stimmen mehr
als bei der ersten für das absolute Veto abgegeben.
Jene wie diese opferten ihre individuelle Ueber=
zeugung, um dadurch, wie sie glaubten, das Ganze,
den monarchisch=constitutionellen Bundesstaat unter
Preußens Führung, zu retten. Heinrich Simon
hat nun aber seine Verhandlungen mit den
einzelnen Mitgliedern in jener öffentlichen Er=
klärung so dargestellt, daß man glauben müßte,
er habe mit der Partei als solcher verhandelt.
Er sagt: „Nun ging die Partei darauf ein."

Das ist eine Entstellung des Thatbestandes. Die
Partei als solche hat niemals mit Simon „verhandelt“, noch weniger ist sie „auf seine Forderung eingegangen“. Ich kann dies als sicher
behaupten, weil ich fortdauernd im Vorstande der
Erbkaiserpartei, damals sogar ihr Vorsitzender war,
also um solche Verhandlungen wissen müßte. Auch
Duncker in seinem Buch „Zur Geschichte der
Reichsversammlung“ (S. 84) sagt kurz und
bestimmt: „Wir haben keinen Vertrag geschlossen!“

Gleichwohl hat sich aus dieser von Simon ge-
gebenen, wohl nicht ganz unabsichtlich zweideutigen
Darstellung des Vorganges eine Legende zu Un-
gunsten der Erbkaiserpartei gebildet, die selbst in
amtlichen Schriftstücken auftaucht, die von vielen
Historikern unbesehen fortgepflanzt und sogar von
H. v. Sybel in seinem großen Geschichtswerke
„Die Begründung des deutschen Reichs unter
Wilhelm I.“ ohne nähere Prüfung wiedergegeben
worden ist. Man hat von „Abmachungen“ der

Erbkaiferpartei mit Simon, von einem „Schacher"
mit Erbkaiferthum und Veto gesprochen.

Wenn übrigens der Mangel eines abfoluten
Veto die Ablehnung der Verfaffung verfchuldet hat,
fo ift es nicht der des Veto bei Gefetzen,
fondern bei Verfaffungsveränderungen gewefen.
Hier allerdings ift ein folcher Mangel mit dem
Wefen der Monarchie unvereinbar, denn bei
einem blos fuspenfiven Veto des Inhabers der
Krone könnte möglicherweife von einer Reihe
ultrademokratifcher Reichstage die Monarchie in
eine Republik verwandelt werden. Handelt es
fich nun aber um diefes Veto, fo ift die Be-
fchuldigung der Erbkaiferpartei, als habe fie den
Mangel eines folchen herbeigeführt, völlig haltlos,
ja geradezu frivol, denn die Erbkaiferpartei hat
nach dem unanfechtbaren Zeugniß der Stenographi-
fchen Berichte für das abfolute Veto bei Ver-
faffungsänderungen bis auf ein oder zwei Mitglieder gefchloffen geftimmt.

Aber, fragt man, wie war es dann möglich,
daß dieses absolute Veto in der zweiten Lesung
unterlag, und zwar mit einer so großen Mehrheit
unterlag? Denn, während es in der ersten Lesung
259 Stimmen für sich und nur 196 gegen sich
gehabt hatte, wurde es jetzt mit 272 gegen 243
verworfen. Das ging so zu. Die österreichisch-
großdeutsche Partei, da sie sah, daß sie eine Verfassung nach ihrem Sinne, d. h. mit Herein-
beziehung Oesterreichs in den deutschen Bundesstaat, nicht durchsetzen könne, ging darauf aus,
der von der Erbkaiserpartei betriebenen dadurch
einen Todeskeim einzupflanzen, daß sie dieselbe
durch gewisse hineingebrachte Bestandtheile den
Fürsten und in erster Linie dem König von Preußen
unannehmbar machte. Sie wußte recht wohl, wie
viel Letzterer auf die unantastbare Hoheit und
Machtvollkommenheit des Monarchen gebe. Ein
suspensives Veto bei Verfassungsänderungen, ver-
möge dessen wohl gar einmal ein ultrademokratischer

Reichstag durch einen dreimal gefaßten Beschluß
die Monarchie in eine Republik verwandeln könnte,
das war Etwas, was König Friedrich Wilhelm IV.
um keinen Preis, selbst nicht um den einer Kaiserkrone, sich gefallen lassen würde. Nach dieser
sehr schlauen Berechnung stimmten 50 Oesterreicher
und sonstige Großdeutsche, welche insgesammt bei
der ersten Lesung für das absolute Veto gestimmt
und von denen 46 ausdrücklich (in einer öffentlichen
Erklärung zu Protokoll) sogar gegen den Beschluß
wegen des suspensiven Veto bei Gesetzen protestirt
hatten, jetzt für eben dieses suspensive Veto bei
Verfassungsänderungen! Sie verleugneten ihre offen
bekannte Ueberzeugung — nicht, wie jene Erbkaiserlichen, die dem absoluten Veto, aber nur bei Gesetzen,
abtrünnig wurden, um Etwas zu Stande zu
bringen, was sie als nothwendig für das Vaterland erkannten, sondern lediglich, um zu zerstören.
Als nach dem Durchgehen des suspensiven Veto bei
Verfassungsänderungen nun auch das Erbkaiser-

thum durchging, sagte Herr v. Schmerling zu dem
in seiner Nähe stehenden Herrn von Vincke: „Hier
haben Sie gesiegt — in Berlin sprechen wir uns
wieder!"

Noch eine zweite Forderung stellte H. Simon
an die Erbkaiserlichen kurz vor der Abstimmung
über die Oberhauptsfrage.

Sie sollten sich schriftlich verpflichten, die Ver=
fassung, wie sie festgestellt sein würde, für „end=
gültig" zu erklären und sich nicht etwa zu einer
Aenderung derselben herbeizulassen. Er machte
davon wiederum sein und seiner Freunde Votum
in der Oberhauptsfrage abhängig. Etwa 80 Mit=
glieder haben eine solche Verpflichtung unterschrieben,
an ihrer Spitze H. von Gagern, Mathy, Mohl,
Welcker u. A. Man wird diesen Männern wohl zu=
trauen, daß sie eine solche Verpflichtung nicht ein=
gegangen sein würden, wenn sie nur im Geringsten
hätten fürchten müssen, sie verschlössen sich damit
die Aussicht entweder auf eine nachträgliche Ver=

befferung der Verfassung durch die Versammlung
felbft, oder auf ein Einverständniß mit den
Regierungen. Für Ersteres war, abgesehen von den
formellen Schwierigkeiten eines Zurückkommens
auf das einmal endgültig Beschlossene, keine
Hoffnung vorhanden. Die Erblaiserpartei war
in der Abstimmung über das absolute Veto bei
Verfassungsänderungen mit 29 Stimmen unter=
legen. Dieselben Stimmen, Großdeutsche, Parti=
cularisten, Ultramontane, Gruppe Simon und
Linke, würden bei einer nochmaligen Abstimmung
darüber aus den gleichen Gründen abermals gegen
sie sein. Dagegen war, wenn man an der
einmal beschlossenen Verfassung rütteln ließ oder
selbst rüttelte, noch ganz etwas Anderes zu be=
fürchten. In der letzten Zeit waren fast Tag um
Tag neue Abgeordnete aus Oesterreich in die
Versammlung eingetreten. Die österreichische
Regierung hatte eine Anzahl slavischer Wahlkreise,
die früher zu einer „deutschen Nationalvertretung"

nicht wählen wollten, nachträglich doch dazu be=
stimmt. Wie leicht konnte dadurch die Mehrheit
von den Erbkaiserlichen auf die Großdeutschen über=
gehen! An der einmal beschlossenen und als end=
gültig verkündigten Verfassung konnte eine solche
großdeutsche Mehrheit nichts mehr ändern; sobald
aber eine Verhandlung darüber wieder eröffnet
würde, wer stand dafür ein, daß nicht diese
großdeutsche Mehrheit das preußische Erbkaiserthum
in ein österreichisches oder in eine vielköpfige
Centralgewalt oder in sonst Etwas verwandelte?

Aehnliches war aber auch zu befürchten,
wenn das Parlament mit den Regierungen über
die Verfassung verhandelte. Der deutsche Bundes=
staat unter dem erblichen Scepter der Hohen=
zollern, für den man mit den größten Anstrengungen
gekämpft hatte, ging dann jedenfalls unrettbar ver=
loren, denn wie hätten Oesterreich und die Könige
sich auf dieser Grundlage mit der Versammlung
verständigen können?

Genug, ein Wiederabgehen von der einmal beschlossenen Verfassung — sei es durch eine Initiative der Versammlung selbst, sei es auf ein Verlangen der Regierungen, — war der ganzen Sachlage nach undenkbar, wofern nicht die Erb= kaiserpartei ihr ganzes Princip aufgeben, ihr eigenstes Werk wieder zerstören wollte. Die Ver= pflichtung, die H. Simon forderte, ob eingegangen oder nicht, änderte an dieser Sachlage und an der darauf begründeten, schon jetzt feststehenden Ueberzeugung der Unterzeichner nicht das Geringste. Sie konnten also unbedenklich ein solches Versprechen dem überargwöhnischen Simon geben, und sie mußten es, wenn sie dadurch eine Mehrheit in der Oberhauptsfrage gewinnen konnten, die sonst unmöglich war.

———

Nach solchen Vorgängen vor und hinter den Coulissen fand am 27. März 1849 die entscheidende Abstimmung über die Oberhauptsfrage statt. Mit

267 gegen 263 Stimmen, also mit einer Mehr=
heit von nur 4 Stimmen, ward beschlossen, daß
die Oberhauptswürde in dem zu gründenden
deutschen Bundesstaate, der den Namen „Reich"
führen würde, mit dem Kaisertitel einem der
deutschen Fürsten übertragen werden und daß sie
sich in seinem Hause nach dem Rechte der Erst=
geburt im Mannesstamme vererben solle. Am
Tage darauf ward König Friedrich Wilhelm IV.
mit 290 Stimmen zum Kaiser gewählt, während
248 sich der Abstimmung enthielten. Am 30. März
ging eine Deputation von 32 Mitgliedern, aus
Abgeordneten der verschiedenen Bundesstaaten
zusammengesetzt, mit dem Präsidenten Simson an
der Spitze, nach Berlin ab, um dem König diesen
Beschluß des Parlamentes zu melden und ihm auf
Grund der Verfassung die Kaiserkrone anzutragen.

Es läßt sich denken, daß dem König Friedrich
Wilhelm IV. die Antwort auf dieses Anerbieten
nicht leicht wurde. Der Glanz einer Kaiserkrone

und die Herrschaft über das große deutsche Reich
war für seine romantische Phantasie unstreitig
sehr verlockend. Auf der anderen Seite sträubte
sich sein legitimistisches Gefühl und sein Wider=
wille gegen Alles, was aus dem Volke oder von
Vertretern des Volkes käme, gegen die Annahme
einer Krone, die nicht, wie zu den Zeiten des
weiland römischen Reiches, von den Fürsten ge=
boten werde.

Wie viel zugleich die Besorgniß vor äußeren
Schwierigkeiten, vor Verwickelungen mit Oesterreich
oder anderen Mächten dabei wirken mochte, bleibe
dahingestellt. „Ich bin kein Friedrich II.,“ hatte
einmal der König gesagt.

Wir besitzen über die Verhandlungen des
Königs theils mit seinen Ministern, theils mit
jener Gruppe unverantwortlicher Rathgeber, welche
sich an ihn drängte und sein Ohr belagerte, der
sog. „Camarilla“, in Bezug auf die der Deputation
zu ertheilende Antwort verschiedene Mittheilungen.

Danach erhalten wir von diesen Verhandlungen und von den Entschließungen des Königs das folgende Bild.

Zuerst rieth der preußische Bevollmächtigte in Frankfurt, Camphausen:

„Der König möge sich bereit erklären, an die Spitze derjenigen Bundesstaaten zu treten, deren Regierungen dies wünschen würden." Dem König und den Ministern ging dies schon zu weit, weil dadurch die freie Entschließung der Fürsten beeinträchtigt werde. Der König wollte allererst die Fürsten hören und sich dann über Annahme oder Nichtannahme der Krone entschließen. Darauf hin legten die Minister in einer vom König präsi= dirten Sitzung des Gesammtministeriums dem König den Entwurf einer Antwort in diesem Sinne vor. Der Text dieses Entwurfes liegt leider nicht vor. Auch Sybel, dem doch das preußische Staatsarchiv zur Verfügung stand, hat ihn nicht mitgetheilt. Er sagt nur, der König habe

6*

wenig daran geändert, habe dann aber in einer
freien Rede den Inhalt des Entwurfs, wie er
ihn verstehe, wiedergegeben. Der Inhalt dieser
Rede sei nach einem Protokoll über die betreffende
Ministersitzung folgender gewesen: 1. Vor Allem
Berathungen mit den deutschen Fürsten einschließ-
lich Oesterreichs, um der Neugestaltung Deutschlands eine sichere Grundlage zu geben, wobei die
Zustimmung Oesterreichs zur Errichtung eines
deutschen Bundesstaates ohne Oesterreich zu erstreben
und dessen Verhältniß zu diesem Bundesstaat fest-
zustellen wäre. 2. Kein Bundesstaat ohne die
deutschen Könige! 3. Sollten diese sich fernhalten,
und nur die kleinen Staaten in den Bundesstaat
eintreten wollen, so würde das Verhältniß Preußens
zu diesen ein bloßes Schutzverhältniß sein und
ganz neu geregelt werden müssen. 4. Kein
Kaisertitel!

Ein drittes Stadium in dieser Reihenfolge
wechselnder Entschließungen des Königs bildet die

amtliche Erklärung, welche die Minister am Vor=
mittag des 2. April in beiden Häusern des Land=
tages vortrugen. Sie lautete:

„Die Regierung erkennt in dem Beschlusse des Parla=
ments, der Verkündigung der Reichsverfassung und der Wahl
des Kaisers, einen wesentlichen Fortschritt auf der Bahn der
Entwicklung der deutschen Verhältnisse; sie wird Alles auf=
bieten, damit das angestrebte, jetzt nahe gerückte Ziel bald
ganz erreicht werde. Aber sie hat deshalb ihren früheren
Standpunkt nicht aufgegeben; sie hält also dafür, daß dieser
Beschluß nur für diejenigen deutschen Regierungen gültig
oder verbindlich ist, welche demselben aus freiem Entschlusse
beistimmen; die königliche Regierung wird ihrerseits nichts
unversucht lassen, ein Einverständniß darüber zu fördern“.

Am Abend des 2. April, kurz nach der An=
kunft der Kaiserdeputation in Berlin, ließ der
Präsident des Staatsministeriums, Graf Branden=
burg, den Präsidenten Simson zu sich einladen, um
ihm etwas Wichtiges mitzutheilen. Da Simson
unpäßlich von der Reise angekommen war, entsandte
er statt seiner zwei Mitglieder der Deputation,

die Herren G. Beseler und G. Rießer. Der Erstgenannte hat über ihr Gespräch mit dem Grafen Brandenburg in seinem Buch „Erlebtes und Erstrebtes" (S. 88) wörtlich Folgendes berichtet:

In klarer, einfacher Weise erörterte er die wesentlichen Punkte: daß die Deputation die Kaiserkrone auf Grund der Reichsverfassung, ohne Beschränkungen und Klauseln, angeboten habe, daß andererseits der König Gewissensbedenken gegen die Annahme der von der Nationalversammlung einseitig beschlossenen Kaiserwürde hege. Am Schluß der Verhandlungen gab der Graf von Brandenburg die Erklärung ab, daß der König annehmen werde in Erwartung der Zustimmung der übrigen deutschen Regierungen! Dagegen übernahmen Rießer und ich die Verpflichtung, daß die Deputation die Annahme in dieser Form als ihrem Mandat entsprechend ansehen werde. Nachdem wir der Deputation Bericht erstattet, entschied sie sich einstimmig in diesem Sinne und verpflichtete sich, ihren Beschluß in Frankfurt zu vertreten.

Höchst interessant ist ein Bericht über die Besprechung des Königs mit der Camarilla, den wir in den 1891 erschienenen „Denkwürdigkeiten des Generals Leopold von Gerlach", des Hauptes der Camarilla, finden, und worin der General (1. Bd., S. 308) erzählt:

„Ich verabredete mit Massow, nach Potsdam zu fahren; hernach wurde auch Ludwig hinbefohlen. Massow und ich kamen zuerst an. Die vorliegende Sache war die Antwort an die Frankfurter Deputation. Alle, d. h. Ludwig Voß u. s. w., drängten dahin, dem Könige dabei zur Seite zu stehen. Ich hatte in Berlin noch einen Entwurf aufgesetzt, der die Freude über die Anerkennung der Macht Preußens, den guten Willen, zu helfen, aussprechen sollte, das Aner-bieten der Kaiserkrone aber als unzeitig und unvorbereitet abweisen. Der König kam bald mit Rauch, nahm uns in sein Cabinet und las uns die von ihm aufgeschriebene Ant-wort an die Deputation vor. Sie war außerordentlich schön und ergreifend. Unser ganzer Angriff — denn die dieses Mal vollständig besetzte Camarilla, auch Stollberg und Ludwig, war merkwürdig einig — concentrirte sich nur gegen eine Stelle in dem Entwurf. In derselben erklärte der König, er würde, ganz abgesehen von seiner Person, nur eine Wahl anerkennen, die von einem ordentlichen

Fürstentage unter der Leitung der mächtigen Fürsten Deutschlands, also auch mit Zuziehung seiner selbst, und mit Zustimmung Deutscher Nation vollbracht worden sei nach tausendjährigem Rechte. Hierfür wurde eine prosaische, moderne Fassung vorgeschlagen, der sich der König nach schweren Kämpfen unterwarf. Bei der Disputation kam hervor, was er eigentlich gewollt hat: einen Fürstentag, aber keine Majorität nach der Kopfzahl der Fürsten, wo Oesterreich und Liechtenstein gleichgestellt würden, sondern die größeren Fürsten, „die acht Kurfürsten", voran. „Tausendjährig ist Ihnen zu apokalyptisch" (sagte der König), „obschon nach dem Buchstaben wahr."

Auf Stolbergs dringende Aufforderung machte Ludwig eine andere Fassung, die Seine Majestät als Variante neben den Entwurf niederschrieb.

Die Art, wie Seine Majestät Ihre Fassung vertheidigten, war sehr charakteristisch. Massow griff besonders als gefährlich die Einwilligung Deutscher Nation an. Der König bezog sich auf die Wahl Kaiser Conrads II., wo die deutschen Nationen unter ihren Herzögen um die Wahlstadt Worms gelagert gewesen wären und durch Acclamation die Wahl bestätigt hätten. Dann habe in Frankfurt der Kurfürst

von Mainz dem vor dem Römer versammelten Volk eröffnet,
die Kurfürsten hätten den Erzherzog von Oesterreich, König
von Ungarn, (!?) gewählt, und er hoffe auf des Volkes
Zustimmung, die durch ein Geschrei erfolgt wäre. An die
Stelle des Volkes sei jetzt die Frankfurter Versammlung
getreten!! Dann zählte der König die noch vorhandenen
acht Kurfürsten auf, drückte aber besonders und ganz richtig
darauf, daß er selbst mit wählen müßte. Welch' ein Gemisch
von Richtig und Unrichtig, von Princip und Antiquität!"

Nach demselben Berichte war der König
noch spät am Abend des 2. April bei Branden=
burg gewesen. Dies und die Aeußerung des
Königs: „die Deputation habe erklärt, wenn der
König ablehne, werde in Frankfurt die Republik
proclamirt werden", scheint anzudeuten, daß dem
König bange war, die Deputation möchte ein
Annehmen der Krone mit Vorbehalt für unge=
nügend erklären. Danach hätte noch am Abend
des 2. April beim König die Neigung zur An=
nahme die Bedenken dagegen entschieden über=
wogen.

Bei der veränderlichen Natur des Königs
war freilich damit noch keine Gewähr für den
nächsten Tag gegeben. Allein von allergrößter
Wichtigkeit ist schon die Thatsache, daß, wie aus
allen den angeführten Berichten über das am
2. April Geschehene unwiderleglich und überein=
stimmend hervorgeht, an diesem Tage von einem
Widerspruch gegen den Inhalt der Verfassung
(den man doch selbstverständlich in Berlin bereits
kannte) auch nicht mit einem Worte die Rede war.
Weder der König, noch die Minister, noch selbst
die Männer der äußersten Reaction, die Mit=
glieder der Camarilla, äußerten Bedenken gegen
die Annahme der Verfassung, die doch von der
Annahme der Kaiserkrone unzertrennlich war.

Für die Erbkaiserpartei enthält diese Thatsache
eine große Genugthuung. Wenn selbst das, ohne
ihr Verschulden und gegen ihren Widerspruch in
die Verfassung gekommene suspensive Veto bei
Verfassungsänderungen den König und seine Rath=

geber, auch die reactionärsten, nicht bestimmen
konnte, Verfassung und Krone abzulehnen, so
konnte dies noch viel weniger der Fall sein rücksichtlich des suspensiven Veto bei Gesetzen und
des Wahlgesetzes, d. h. derjenigen Punkte, für
welche ein Theil der Partei mitverantwortlich war.

Von einer anderen Seite führt aber diese
Wahrnehmung zu einer sehr schmerzlichen Be-
trachtung. Wäre der Stand der Dinge am
3. April, wo die officielle Antwort des Königs
an die Frankfurter Deputation erfolgte, noch derselbe gewesen wie der am 2. April, so hätte der
Abschluß und die thatsächliche Ausführung der
Verfassung vom 27. März 1849 aller Wahrscheinlichkeit nach mit Sicherheit zu erwarten gestanden, während so, wie die wirkliche Antwort
lautete, dieselbe jede Hoffnung darauf zerstörte.
Denn das einzige Hinderniß, welches nach der
Auffassung vom vorigen Tage einer sofortigen Annahme der Kaiserkrone seitens des Königs entgegen-

stand, die noch fehlende Zustimmung der größeren
Fürsten (28 kleinere hatten bereits bedingungslos
zugestimmt), wäre wohl nur von kurzer Dauer gewesen, wie die folgenden Thatsachen zeigen.

Der, seiner Natur nach sehr selbstherrliche
König von Württemberg gab schon bald darauf
dem einmüthigen Drängen von Ständen und Volk
auf Anerkennung der Reichsverfassung nach. In
Bayern drohten ganze Provinzen, die Pfalz und
beide Franken, mit ihrem Abfall, wenn die Regierung sich nicht den Beschlüssen der Nationalvertretung fügen würde. In Sachsen erklärten
sich drei Minister von fünfen für Annahme der
Verfassung. Die Kammern thaten das Gleiche.
Von den Magistraten der großen Städte und von
zahlreichen anderen Deputationen ward der König
bestürmt. Ein Gerücht, welches meines Wissens
niemals widerlegt worden ist, behauptet, der Text
der Reichsverfassung sei, um demnächst verkündet
zu werden, in der Hofdruckerei bereits gesetzt gewesen,

aber zurückgenommen worden. Dem König selbst
legte man die Aeußerung bei, die er gethan habe,
als man in ihn gedrungen, er möge doch die
Reichsverfassung anerkennen, „er könne nicht
zurück". Man brachte dies in Verbindung mit
der Sendung eines persönlichen Adjutanten des
Königs von Preußen, der den Auftrag gehabt
habe, den König von Sachsen im Widerstand
gegen die Verfassung zu bestärken und ihn für den
Fall, daß daraus Unruhen entständen, preußischer
Hilfe zu versichern*), ein Vorgang, der allerdings
in grellem Widerspruch steht zu der in der Erklärung der preußischen Minister an die Kammern
(vom 2. April) gegebenen Versicherung, „die Regierung werde Nichts unversucht lassen, um ein
Einverständniß darüber (über Annahme der Krone)

---

*) Diese Sendung ist bestätigt in den „Erinnerungen
zu Erinnerungen" des Grafen Beust, damals königlich
sächsischen Ministers des Auswärtigen.

mit den anderen Fürsten zu fördern." Auch in
Hannover war die öffentliche Stimmung ganz
überwiegend für die Reichsverfassung. Der König,
der davon Nichts wissen wollte, half sich damit,
daß er die Stände auflöste und nicht wieder
berief, obwohl eine große Anzahl von Ständemit-
gliedern dringend darum bat.

Genug, die Zustimmung der anderen deutschen
Fürsten (Oesterreich natürlich ausgenommen) zur
Uebertragung der Kaiserwürde an den König von
Preußen wäre sicherlich nur eine Frage der Zeit,
und wahrscheinlich nur einer sehr kurzen, gewesen.

Die Mitglieder der Kaiserdeputation, er-
muthigt durch die Eröffnung des Grafen Brandenburg, sahen der Audienz am 3. April, wenn auch
noch immer — bei der völlig unberechenbaren Natur
des Königs*) — nicht ohne Bangigkeit, dennoch

---

*) Seine Stellung zur deutschen Frage überhaupt
und zum Parlamente insbesondere hatte König Friedrich

mit Hoffnung entgegen. Welche Bestürzung mußte
sie erfassen, da die Antwort des Königs so ganz
anders lautete, als sie nach der Erklärung des
Staatsministeriums in den Kammern und der vom
Ministerpräsidenten, unzweifelhaft im Auftrage des
Königs selbst, ertheilten Auskunft über dessen Ab=
sichten zu erwarten gewesen wäre! Denn in dieser
jetzigen Antwort des Königs ward nicht blos die
Zustimmung der anderen Fürsten vorbehalten,
sondern es ward auch als Vorbedingung jeder Ent=
scheidung über die Oberhauptsfrage eine „Revision
der Verfassung vom 27. März" durch die Fürsten
verlangt. Bei dieser „Revision" sollte geprüft
werden, „ob die dem künftigen Kaiser in der
Verfassung zugedachten Rechte diesen in den Stand
setzen würden, mit starker Hand die Geschicke

Wilhelm IV. schon bis dahin fort und fort gewechselt.
Der Nachweis dieser Wandlungen füllt in meinen „Dreißig
Jahren deutscher Geschichte" (1. Bd. S. 389—403) ein
ganzes Capitel.

Deutschlands zu leiten und die Hoffnungen seiner Völker zu erfüllen."

Was war in der Zwischenzeit geschehen? Wer oder was hatte auf den König dermaßen eingewirkt, daß sein ganzer Standpunkt zur Kaiserkrone und zum Parlamente ein so völlig anderer geworden war?

Man hat sich schon damals und hat sich bis auf die neueste Zeit die Köpfe darüber zerbrochen, welchem unheimlichen Einfluß es zuzuschreiben sei, daß, wie Dahlmann in seinen Vorlesungen über deutsche Geschichte es ausgedrückt hat, „das Schiff des Parlaments noch im Hafen scheiterte".

H. v. Sybel zwar behauptet, „vom 2. zum 3. April habe sich schlechterdings Nichts verändert, die Antwort des Königs am 3. April sei ganz dieselbe, welche am 2. April zwischen König und Ministern vereinbart worden; Beseler müsse den Grafen Brandenburg in unbegreiflicher Weise miß=

verstanden haben." Allein dieser so zuversichtlichen
Behauptung ist die Widerlegung, und zwar eine
schlagende Widerlegung, sozusagen auf dem Fuße
gefolgt. Denn in dem gleichen Jahre, wie Sybels
erster Band (worin sich jene Behauptung findet),
erschienen auch die schon erwähnten „Denkwürdigkeiten des Generals von Gerlach." In diesen aber
ist ganz genau angegeben, nicht nur, welche Aenderung
noch am Morgen des 3. April in die Antwort
des Königs an die Deputation gekommen, sondern
auch, von wem dieselbe herrührte. Zunächst findet
sich dort (auf Seite 310) unterm 4. April die
Tagebuchnotiz:

„Gestern empfing der König die Deputation; ich erfuhr
im Allgemeinen, daß Alles gut stände. Massow (auch ein
Mitglied der Camarilla) ließ mir sagen, die Rede des
Königs sei nur in der Mitte geändert. Die Rede stand
im „Staatsanzeiger". Ein neuer, wichtiger und sehr guter
Passus über die Revision war durch Alvensleben
hineingekommen, und, wie der Erfolg zeigte, der wesent-
lichste!"

Wie das zugegangen, erfahren wir sobann
des Näheren durch die folgende Tagebuchnotiz vom
6. April (S. 311).

„Ludwig schreibt: Alvensleben sagte mir auf der
Eisenbahn, er habe gleich am Montag in des Grafen Brandenburg Mittheilung an die Kammer über die deutsche Politik
die Revision der Frankfurter Verfassung vermißt und durch
Herumlaufen bei allen Menschen bewirkt, daß der Passus
darüber noch in die königliche Antwort gekommen. Du
siehst, wir sind so weise nicht; den Sonntag Abend haben wir
über lauter Kritik des einen Punktes, den die Minister doch
wohl berichtigt haben würden, diese Lebensfrage übersehen.“

Ich könnte auch noch ein anderes Vorkommniß,
das ich selbst mit erlebt, als einen weiteren Beweis
dafür anführen, daß in der ursprünglichen Absicht
des Königs betreffs seiner Antwort an die
Deputation eine Abänderung der Verfassung nicht
gelegen hatte. Am Tage der Audienz waren die
Mitglieder der Deputation zu Sr. Königl. Hoheit
dem Prinzen von Preußen, dem späteren Kaiser
Wilhelm I., zum Thee geladen. Der Prinz in

seiner offenen und geraden militärischen Weise ging
sofort auf die brennende Tagesfrage ein. Da wir
ihm den schmerzlichen Eindruck der Rede des Königs
nicht verhehlen konnten, sagte er: „Aber, meine
Herren, Sie können doch von meinem Bruder nicht
verlangen, daß er die anderen Fürsten mit Waffen=
gewalt zwinge, ihre Zustimmung zu geben." Darauf
ward ihm erwidert, daß an der Zustimmung der
Fürsten nicht zu zweifeln sei; was uns so sehr
entmuthige, sei die Infragestellung des Inhalts
der Verfassung durch den König. Dies schien dem
Prinzen neu zu sein; offenbar hatte er noch ganz
den Eindruck des vorigen Tages, wo davon nicht
die Rede gewesen war.

Mit der Antwort des Königs an die De=
putation war der Bruch zwischen Berlin und
Frankfurt erklärt. Einer Annahme der Kaiserkrone
mit dem Vorbehalt der noch einzuholenden Zu=
stimmung der Fürsten — dazu konnte das Parlament
wohl beipflichten, da es so gut wie gewiß war,

7*

daß es an einer solchen Zustimmung nicht fehlen werde. Eine Verständigung mit einer einzelnen Regierung, wie der preußischen, über den und jenen Punkt der Verfaſſung wäre wenigstens nicht vom Haus aus, der Sache nach, undenkbar geweſen. Eine Vereinbarung dagegen mit allen deutſchen Fürſten vom größten bis zum kleinſten, vom Kaiſer von Oeſterreich bis zum Fürſten von Liechtenſtein, und über alle Punkte der Verfaſſung, alſo auch über den Cardinalpunkt, die Oberhauptsfrage, wie ſie vom König dem Parlamente angeſonnen ward, das war eine Unmöglichkeit. Schon bei den Februarconferenzen hatten die vier Könige erklärt, daß ſie ſich keinem monarchiſchen Ober= haupte fügen, auch keiner Verfaſſung beiſtimmen würden, welche Oeſterreich ausſchlöſſe. Als ſie jetzt durch Circularnoten der preußiſchen Regierung neuerdings aufgefordert wurden, ſich über ihr Ver= hältniß zur Verfaſſung auszuſprechen und ſich wo= möglich über ein gemeinſames Verhalten gegenüber

dem Parlamente zu verständigen, zeigten, wie die
preußische Regierung in einer Note an ihre Ge-
sandten vom 28. April bekennt, wiederum die
Antworten dieser Regierungen, wie weit die Ansichten, namentlich in der Oberhauptsfrage, aus-
einandergingen und wie wenig Hoffnung auf Er-
zielung eines umfassenden Einverständnisses vorhanden sei. „Einzelne Fürsten," hieß es in der
Note weiter, „hätten gewünscht, daß der König
die Krone annehmen möchte, (jedenfalls gehörten
diese zu den 28, die sich alsbald den Beschlüssen
des Parlamentes zustimmend erklärt hatten),
dagegen hätten mehrere ihren festen Entschluß aus-
gesprochen, einem andern Fürsten sich nicht unter-
zuordnen."

Trotzdem verlangte dieselbe Note von der
Nationalversammlung, „sie solle der Verfassungs-
angelegenheit eine solche Wendung geben, daß die
Regierungen sich mit ihr verständigen und daß
unter ihrer Mitwirkung auf dem Wege der Verein-

barung die von einer ruhigen Erwägung der deutschen Verhältnisse geforderten Modificationen zu Stande kommen könnten." Aber wie in aller Welt sollte dies möglich sein, wenn der eine Theil der Fürsten sich für das erbliche Kaiserthum, ein anderer Theil dagegen erklärte?

Oder wollte etwa der König zu seiner romantisch = phantastischen (beiläufig gesagt, sehr ungeschichtlichen) Anknüpfung an das alte deutsche Kaiserthum zurückkehren, die er den Männern der Camarilla entwickelt, zu der aber selbst diese die Köpfe geschüttelt hatten? Wollte er, die „großen Fürsten" (das waren jetzt die vier Könige) sollten seine Wahl zum Kaiser proclamiren, an Stelle des „Volkes" aber solle das Parlament deren Be= schlüsse einfach gutheißen? Zu einer solchen unter= geordneten Rolle konnte die Vertretung der Nation sich unmöglich herabwürdigen lassen! Uebrigens befand sich der König selbst in einer verhängniß= vollen Täuschung, wenn er sich einbildete, diese

„großen Fürsten" würden aus freien Stücken ihn
„küren", wenn nicht mehr der im Parlamente
verkörperte Wille der Nation hinter ihm stände.

Der König hatte früher einmal zu seinem
Vertrauten Bunsen gesagt: „Halten Sie fest, wie
überzeugt ich bin, daß die deutsche Sache verloren
ist, wenn Frankfurt untergeht und die Angelegen=
heit in die Hände der Fürsten fällt." Diese
schlimme Voraussage machte er selbst jetzt wahr —
zum Unheil Deutschlands, aber auch Preußens.
Vereint hätten Berlin und Frankfurt, die preußische
Regierung mit ihrer materiellen und das Parla=
ment mit seiner idealen Macht, alle Schwierig=
keiten wohl überwunden, hätten selbst nicht Oester=
reichs Einspruch (das mit seinen Wirren noch alle
Hände voll zu thun hatte), noch eine Einmischung
des Auslandes in diese innere Angelegenheit
Deutschlands zu fürchten gebraucht. Getrennt und
einander feindlich gegenübergestellt, mußten Beide
unterliegen. Das Parlament ging zu Grunde,

nachdem es noch eine Zeit lang mit fruchtlosen
Anstrengungen (ben krampfhaften Bewegungen eines
Ertrinkenden) sich dagegen gesträubt und die „Durch=
führung der Verfassung", d. h. deren Anerkennung
von den größeren Fürsten, erstrebt hatte. Die
Gemäßigten, an einer solchen Durchführung mit
gesetzlichen Mitteln verzweifelnd und nicht gewillt,
zu revolutionären zu greifen, verließen die Ver=
sammlung; die Linke, dadurch Herrin der Situation
geworden, siedelte nach Stuttgart über, versuchte
als „Rumpfparlament" eine revolutionäre Be=
wegung in ganz Deutschland zu entzünden und
ward endlich von der liberalen Regierung Württem=
bergs, weil sie Verwirrung in das Land zu bringen
drohte, mit Waffengewalt aufgelöst. Die preußische
Regierung aber, welche nach ihrer Absage an das
Parlament einen deutschen Bundesstaat auf eigene
Hand durch Einzelverträge zu gründen versuchte,
sah sich schon bald (obschon die von ihr so schnöde
behandelten Erbkaiserlichen durch die Versammlung

zu Gotha und die dort erlassene Erklärung ihr
zu Hilfe kamen) zu einer Niederlage nach der
andern, zu einem Zugeständniß nach dem anderen
verurtheilt, bis sie zuletzt an dem schmachvollen
Tage von Olmütz den Höhepunkt der Selbst-
bemüthigung vor Oesterreich und Rußland erreichte.
Mit Recht klagte Bismarck einmal später: „Wir
waren heruntergekommen und wußten selber nicht,
wie."

Es war ein nationales Unglück, daß in einer
Zeit, wo die Geschicke Deutschlands auf lange
Zeit sich entscheiden sollten, auf dem Throne des
Staates, der durch den ganzen Gang unserer
Geschichte zur Vormacht Deutschlands bestimmt
war, ein Fürst saß, der bei vielen glänzenden Gaben
und gewiß wohlmeinendsten Absichten doch diejenigen
Eigenschaften entbehrte, welche allein den großen
Regenten und Staatsmann machen, einen festen,
beharrlichen, nicht hin und her schwankenden Willen
und einen klaren, durch keine romantischen Nebel

umschleierten Blick für die wahre Natur der
politischen Verhältnisse. Hätte er diese Eigen=
schaften besessen, so hätte er nicht durch Bedenken
gegen einzelne Punkte der Verfassung, wie immer
an sich berechtigt sie erscheinen mochten, sich von
dem hier allein in Frage kommenden Ziele ab=
brängen lassen, nämlich: die Verfassung im Ganzen
und Großen und mit ihr das Erblaiserthum unter
Dach und Fach zu bringen und dann erst an den
Ausbau und die Ausbesserung des Gebäudes im
Innern zu gehen. Schadhafte Stellen, wie jenes
suspensive Veto, würden leicht zu beseitigen ge=
wesen sein schon beim ersten Reichstag nach der
neuen Verfassung, auf welchem die Oesterreicher
gefehlt und wozu die Wahlen unter dem mächtigen
Einfluß der festgegründeten Einheit des Reichs
stattgefunden haben würden.

Eine gedeihliche Lösung. der Aufgabe des
Parlamentes, d. h. die Zustandebringung und
Durchführung einer einheitlichen Verfassung für

Deutschland, war abhängig von der Mitwirkung
zweier Factoren, einer patriotischen oder doch dem
Zeitgeist Rechnung tragenden Selbstverleugnung
auch der größeren Regierungen und einer aus-
dauernden, mit dem Vorgehen des Parlamentes
gleichen Schritt haltenden Bewegung im Volke.
Anfangs schien es auch, als hätte das Parlament
sich dieser Mitwirkung zu erfreuen. Allmählich aber
versagte dieselbe. Die größeren Regierungen trennten
ihre Sache von der des Volkes. Im Volke aber
ermatteten die gemäßigten Elemente in der that-
kräftigen Unterstützung ihrer Vertreter, während
die radicaleren unter der falschen Firma eines
Kampfes für die Reichsverfassung ganz andere,
revolutionäre Ziele verfolgten. So ging das, so
hoffnungsfreudig begonnene, von den Segens-
wünschen aller Patrioten begleitete Werk der ersten
deutschen Nationalversammlung schmählich zu
Grunde.

Gänzlich verloren war gleichwohl die fast ein

Jahr lange mühevolle Arbeit des Parlaments von 1848 nicht. Durch die Verfassung vom 27. März 1849 gab sie zuerst dem nationalen Gedanken, der bis dahin vielfach nur unklar und unsicher in den Gemüthern gelebt hatte, eine feste, greifbare Form, und zwar diejenige Form, welche allein geeignet war, die Einheit, Macht und Größe Deutschlands dauernd zu begründen, nämlich die des monarchisch-constitutionellen Bundesstaates unter dem starken Scepter der Hohenzollern.

Als mehr denn siebzehn Jahre nach dem Untergange des Parlaments der große Baumeister unseres neuen Deutschen Reiches daran ging, auf dem mit „Blut und Eisen" gefesteten Grunde sein Werk aufzuführen, da holte er aus dem Staube des Archivs den Plan zu der Frankfurter Verfassung hervor, paßte ihn den Verhältnissen der Gegenwart an und errichtete nach ihm erst den Norddeutschen Bund und dann das einheitliche, mächtige Deutsche Reich.

Es war eine große Befriedigung für die „alten Frankfurter", die am 1. April 1885 den Fürsten Bismarck beglückwünschten, bei dieser Gelegenheit von ihm das anerkennende Wort zu vernehmen, daß Frankfurt ihm vorgearbeitet habe. Wir, die noch Ueberlebenden, blicken unsererseits mit heißem Danke und neidlos auf zu den Männern, die glorreich hinausgeführt, was wir unvollendet lassen mußten, zu unserem unvergeßlichen Kaiser Wilhelm I. und zu seinem großen Kanzler, dem Fürsten Bismarck.